U0071683

學擇日 原來這麼簡單

台中市五術教育協會 理事長

黃恆堉◎著

推薦序

自從四千六百多年前倉頡造字、容成造曆創天文學以來，歷代皇朝均有欽天監專司帝制時代的皇家各種事務之日課選擇。幾經戰亂後，此天文學在眾多先賢的彙整之下，也漸漸在民間流傳應用，目前流通的各家通書和農民曆，也都是根據天文台每年所公佈的天象而編印。

在日常生活中我們比較常應用擇日的項目有嫁娶、搬家、安床、安神位、動土、修造、開市，為了要圓滿這些事情，有些人會自己看農民曆，比較慎重的人則會請專業的擇日師選擇良辰吉日，以增福、添祿、催財、晉貴、避災。

擇日學是一門易學難精的學術，學派分很多種：三合法、三元法、董公擇日法、奇門遁甲擇日法、七政四餘擇日法、七層斗首擇日法、六壬神課擇日法、廿八星宿演禽法……方法各異，目的都相同。

許多先進、前輩為了要學習先人智慧，總是不辭千辛萬苦，遍求名師，多年苦讀才能學有所成。黃恆堉老師也不例外，二十幾年來研習擇日、命理、地理、姓名學、奇門遁甲和各種開運法稍有心得，整理之後不敢藏私，將所學提供有心研習五術者比較方便的學習管道，除了將上課的課程製成DVD，並依據協記辨方書、繼成堂剋擇講義、選擇求真、鰲頭通書、象吉通書而編寫出版本書。讓有心研究擇日學的人能夠在千頭萬緒的擇日學規則中理出一個方向。讀完本書並融會貫通，不論自助或助人，您都必能運用自如。

中華民國奇門學會　常務理事
台中市五術教育協會　理事
彰化縣命理人際管理學會　學術顧問
吉發堂奇門開運中心　**林錦洲**　謹白　戊子年花月
服務處：台中縣豐原市豐南街12號
電話：04-25353141　0933-411186
網址：www.9989.com.tw

自序

學擇日以來一直想要把它數位化，因為擇日本身就有一定之公式可依循，如今已完成夢想，將民間許多需要擇日的事項規律化而完成這本工具書，看看能否成為一般入門者的基礎用書。

擇日學這門學問在日常生活中可是會與許多人產生關係的，舉凡搬家、開工、開市、修造房屋、安床、動土、安神、開光、訂婚、結婚……等等，凡是在乎日子吉凶的人幾乎都會翻個農民曆看看，慎重一點的也都會找老師幫忙擇日，至於擇日到底重不重要，有無吉凶呢？這倒是見仁見智的問題。

擇日這門學問並不是近代才有的一門學問，之所以能流傳百世，一定有它可信的地方，所以我們就以寧可信其有的心來看待擇日這檔事吧！

在坊間的命理課程中最容易懂且最有規律的學科要算是擇日這門學科，因為它有一定的公式，只要您熟記一些公式表格，按圖施工，保證成功，相反的，擇日學也算是一門很難熟記的學科，因為單以訂婚、結婚要選個好日子，要篩選的神煞就有好幾百個，只要一不留神就會漏掉許多神煞沒有篩選到，所以單以納采結婚擇日就讓許多命理師感到頭痛。

坊間有許多擇日書籍教人如何擇日，但買了許多本回家後卻無法很容易看懂，這並不代表書寫的不好，而是有太多資料不能在同一本書中呈現，且書中的編排跟擇日的步驟並不同步，所以會有一種有看沒有懂的感覺，本書就克服了坊間擇日書籍的缺點，編排的方式是以一般老師在幫客戶擇日的方式所做的整理，好讓一般入門的學員能看得懂且學得會，幾乎每家命理館都擁有一兩本通書，通書就是用來擇日的，當您看完本書後大概也學會了用通書來擇日了。

本書附贈擇日軟體，大致可以提供每日吉凶神煞有哪些，好讓您省掉許多查書的時間，因為現今的社會時間就是金錢，這本書不錯啦！帶一本回去，值得。

第三章　擇日時必須參考的共用資料

第四章　訂婚、嫁娶該如何擇日

第五章　一般要營造房屋要如何擇日

第六章　起基、上樑、修造要如何擇日

第七章　一般動土、平基要如何擇日

第八章　入宅、搬家擇日要點

第十一章　開光擇日要點

第十二章　退神、出火要如何擇日

◆ 一般用事擇日及嫁娶擇日軟體使用說明

電腦開至WIN2000或XP或VISTA的桌面上

將軟體放入光碟機中會自動起動或按光碟檔案中AUTORUN執行

會出現擇日軟體（試用版）後按繼續就可使用

不會安裝請電TEL:04-24521393

◆ 本書附贈的擇日軟體（試用版）功能解說

以下有打◎均可使用預覽及列印（其他功能專業版才可執行）

有意購買專業版請洽04-24521393、0936286531黃老師

或04-25353141、0933-411186林老師

一・八字排盤

◎八字命盤排盤及列印

二・一般用事擇日

1. 動土平基擇日預覽及表格列印
2. 起基擇日預覽及表格列印
3. 豎造上樑擇日預覽及表格列印
4. 修造擇日預覽及表格列印
5. 退神出火擇日預覽及表格列印
6. 入宅搬家擇日預覽及表格列印

7. 安香安神擇日預覽及表格列印

◎8. 開張開市擇日預覽及表格列印

9. 開光點眼擇日預覽及表格列印

◎10. 一般安床擇日預覽及表格列印

◎11. 每日神煞可用或不可用一目了然

三・訂婚、結婚擇日

◎1. 訂婚及結婚條件預覽及列印

◎2. 結婚禮儀習俗通則預覽及列印

◎3. 婚禮祝福用語預覽及列印

4. 訂婚擇日預覽及表格列印

5. 結婚擇日預覽及表格列印

6. 安床擇日預覽及表格列印

四・各項開運制煞符令列印

1. 鳳凰符預覽及符令列印

2. 麒麟符預覽及符令列印

◎3. 財神符預覽及符令列印

4. 顯曲星符預覽及符令列印

5. 三皇符預覽及符令列印

6. 安床符預覽及符令列印

◎7. 安胎符預覽及符令列印

五・特殊功能

1. 封面列印功能
2. 吉課書表及廣告功能修改及列印
3. 館號自行修改
4. 資料備份功能

六・館號修改及封面列印，也可印成一本精美擇日用書

❖第一章❖

一般擇日用事術語解說

我們常會翻閱通書或農民曆，往往對書本內的用事語不太瞭解，以下我們就將古代先人所流傳下來的用事指事語，用較簡單的白話文翻譯，好讓我們在擇日時不會搞不清楚。

用事術語是由「憲書」、「協紀」、「通書」及各種擇日書籍，都有註解，古今版本不同，術語名異而實同，或名同而實異，紛雜不一。後人將其分類註解歸類為七大類：一為祭祀類、二為生活類、三為婚姻類、四為建築類、五為工商類、六為農牧類、七為喪葬類。

今就此七大類，簡述如下：

第一節　祭祀篇

祭祀：祭拜祖先、拜神佛或廟宇祭拜等事。

祈福：祈求神明降臨降福，或設醮還願謝神恩。

求嗣：向神明祈求子息。

齋醮：建立道場設醮，普度祈求平安賜福。

開光：神像塑成後，供奉上位的儀式。

出火：移動神位到別處安置。

入宅：遷入新宅。

安香：神明或祖位移動位置，或重新安置。

上表章：立壇或建醮祈福時，向神明焚燒祈求的章表（疏文）。

解除：沖洗宅舍或器具，除去災厄等事。

祭墓：掃墓、培墓或新墳築竣後的謝土。

謝土：建築完工或築墳竣工後所舉行的祭祀。

第二節　生活篇

出行：外出旅遊、出國觀光考察。

移徙：搬家遷移。

上官赴任：就職就任、就職典禮。

會親友：宴會或訪問親友。

入學：拜師習藝或接受教育。

分居：大家庭分家，各起爐灶。

沐浴：齋戒沐浴之事。

剃頭：初生嬰兒剃胎頭，或削髮為僧尼。

整手足甲：出生嬰兒第一次修剪手足甲。

求醫療病：求醫治療疾病，或動手術。

進人口：指收養子女，今之招考職員、雇用僕人亦通用。

第三節　婚姻篇

冠帶：男女成人的儀式。

結婚姻：締結婚姻的儀式。

納采問名：議婚的儀式，又稱「聘禮納吉」，俗稱「小聘」、「過小定」。

訂盟：締結婚姻的儀式，俗稱「文定」、「過定」、「完聘」、「大聘」、「訂婚」。

嫁娶：結婚典禮的日子。

裁衣：裁製新婚的新衣，或製作壽衣。

合帳：製作新房用的蚊帳。

安床：結婚安置新床，或搬移舊床再安置。

開容：新婚出嫁前整容的禮俗。或曰「整容」、「挽面」、「美容」。

納婿：俗稱「招贅」。男方入贅女方為婿，與「嫁娶」同。

第四節　建築篇

豎造：營造房舍。

修造動土：修建房屋、開基動土等事。

起基定磉：著手基礎工事，固定石磉（柱下的石頭）的工事。

豎柱上樑：豎立柱子，安上屋頂樑木等工事。

蓋屋合脊：蓋屋頂之事。

修飾垣牆：粉刷牆壁之事。

安門：安裝門戶。

安碓edge：安裝磨具，或曰安修碓磨。

安砛：安裝敷設石階。

作灶：安修廚灶。

拆卸：拆掉建物。

破屋壞垣：拆除房屋圍牆之事。

平治道塗：舖平道路等工程。

伐木做樑：砍伐樹木製作屋樑。

開柱眼：在柱上穿洞。

架馬：指建築場立足架、板模等事。

修置產室：修建產房（孕婦居所）。

修造倉庫：建築或修理倉庫。

造廟：造宮觀、寺廟、講堂、尼庵、僧堂。

開渠穿井：構築下水道，開鑿水井。

築堤防：築造堤防工程。

開池：建造池塘。

作廁：建造廁所。

作陂：作蓄水池。

放水：將水注入蓄水池。

造橋：建造橋樑。

補垣塞穴：補修破牆，堵塞洞穴。

第五節 工商篇

開市：開張做生意。

立券交易：訂立買賣契約。

納財取債：指商賈置貨、收租、收帳、借款。

開倉庫出貨財：送出貨物及放債等事。

竪旗掛匾：竪立旗柱、懸掛招牌或匾額。

鼓鑄：工廠起火爐、冶煉等事。

經絡：治絲織布，安機械、紡車、試車等。

作染：染造布帛、綢緞之事。

醞釀：釀酒、造麵、造醬之事。

造車器：製造陸上交通工具。

造船：製造水上交通工具。

第六節 農牧篇

栽種：播種農作物。

捕捉：撲滅有害的生物。

畋獵：打獵。或稱「畋獵網魚」。

結網取魚：漁夫製作魚網，捕取魚類。

割蜜：養蜂家取蜜。

牧養：牧養家禽。

納畜：買入家畜飼養。

教牛馬：訓練牛馬做工，引申為職業訓練講習。建造家畜用場所。

第七節　喪葬篇

破土：開築墓壙，與陽宅中的動土不同。

入殮：把大體放入棺木中。

移柩：將棺木移出屋外。

安葬：指埋葬或進金。

起攢：打開金井（墳墓）洗骨之事，俗稱拾金。

修墳：修理墳墓。

開生墳：人未死先找地做墳，即「壽墳」。

合壽木：活人預做棺材。

進壽符：俗稱「做生基」，將生辰八字放進空墓穴裡。

立碑：豎立墓碑或紀念碑。

掃舍宇：指大掃除，與「除靈」同。

成除服：穿上喪服，脫去喪服（除靈）。

❖第二章❖

如何運用農民曆或通書上的神煞來擇日

在坊間有太多的農民曆或通書流通，但如果您沒學過基礎擇日學，我想是很難看得懂，本章節是要教各位初學者，如何在一般農民曆或通書上的一些擇日用語及簡單的擇日方法，讓您需要擇日用事時能夠利用坊間的農民曆就可以看得懂什麼是十二建除，什麼是二十八星宿，什麼是四季、月建、四孟等等用語該如何使用等等，我想很簡單啦。

第一節　運用十二建除來擇日

◆ 翻開通書就可看到十二建除的每日值星

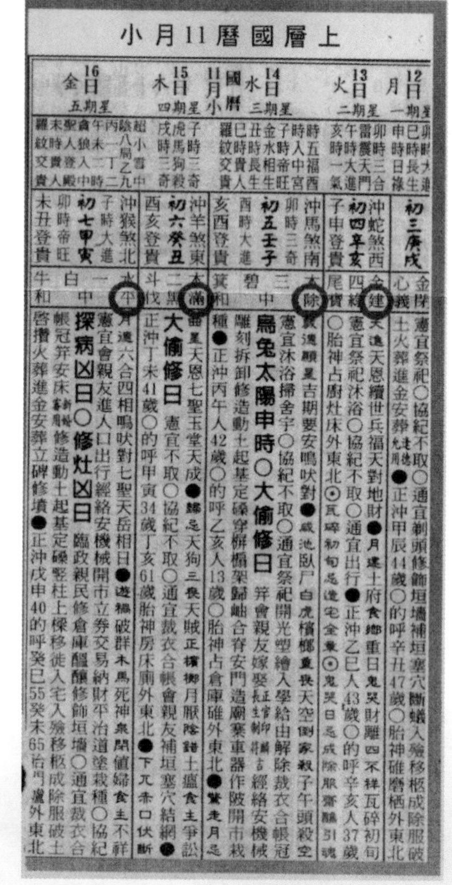

上層國曆11月小

12日 月 星期一
申時日祿 巳時長生
初三庚戌
金 心 義
憲宜祭祀○協紀不取○通宜剃頭修飾垣墻補垣塞穴斷蟻入殮移柩成除服破
土火葬進金安葬●正沖甲辰44歲○的呼辛丑47歲○胎神碓磨栖外東北

13日 火 星期二
卯時三合 雷農天門 午時大進 亥時一氣
沖蛇煞西 初四辛亥 子申登貴
金 建 四 綠 尾 寶
天進天恩續世兵福天對地財●月建土府食鄉重日鬼哭財離四不祥瓦碎初旬
憲宜祭祀沐浴○協紀不取○通宜出行●正沖乙巳人43歲○的呼辛亥人37歲
○胎神占廚灶床外東北⊙瓦碎初旬忌進宅全象⊙鬼哭日忌成除服齋醮引魂

14日 水 星期三
時五福西 時入中宮 子時帝旺 金水相生 丑時長生 巳時貴人 羅紋交貴
沖馬煞南 卯時三奇 初五壬子 酉時大進 亥酉登貴
木 除 三 碧 中 箕 和
遇顯星吉期要安鳴吠對●歲池臥尸白虎檳榔負畏天空倒家殺子午頭殺空
憲宜沐浴掃舍宇○協紀不取○通宜祭祀開光塑繪入學給由解除裁衣合帳冠
烏兔太陽申時○大偷修日
笄會親友嫁娶經絡安機械
雕刻拆卸修造動土起基定磉穿屏扇架歸岫合脊安門造廟塞車器作陂開市栽
種●正沖丙午人42歲○的呼乙亥人13歲○胎神占倉庫碓外東北●驚走月忌

國曆11月小

15日 木 星期四
子時三奇 虎馬狗殺 戌時三奇
沖羊煞東 初六癸丑 酉亥登貴
木 滿 二 黑 斗 伐
星天恩七聖玉堂天成●歸忌天狗三喪天賊正擲月厭陰錯土瘟食主爭訟
大偷修日
憲宜不取○協紀不取○通宜裁衣合帳會親友補垣塞穴結網●
正沖丁未41歲○的呼甲寅34歲丁亥61歲胎神房床廁外東北●下九赤口伏斷

16日 金 星期五
超小雪中 陰八局乙九 丙一丁二 午未二時 倉狼入中 聖人登殿 未時貴人 羅紋交貴
沖猴煞北 子時大進 初七甲寅 卯時帝旺 未丑登貴
水 平 一 白 中 牛 和
月遇六合四相鳴吠對七聖天岳相日●遊禍破群木馬死神值婦食主不祥
憲宜會親友進人口出行經絡安機械開市立券交易納財平治道塗栽種○協紀
探病凶日○修灶凶日
臨政親民修倉庫醞釀修飾垣墻○通宜裁衣合
帳冠笄安床修造動土起基定磉豎柱上樑移徙入宅入殮移柩成除服破土
啟攢火葬進金安葬立碑修墳●正沖戊申40的呼癸巳55癸未65外東北

◆ 在農民曆及通書上大都會有十二建除神煞

建除十二神指依建、除、滿、平、定、執、破、危、成、收、開、閉等十二順序，逐日記載於每天之中，周而復始，觀所值以定吉凶。其要領為日支和月支相同之日為「建」，其餘依序而定，在每月交節日，則以當日之值神重複一次。

如此一年十二個月，每逢月支和日支相同之日，都會由建神當值。

茲將建除十二神資料列表如下：

星宿	意義	農民曆上該日有此字【用事吉】	農民曆上該日有此字【用事凶】
建	旺盛之氣	入學、求財、視事、出行	開倉、栽種、動土
除	除舊佈新	祭祀、祈福、服藥、療病	出行、掘井
滿	豐收圓滿	移徙、裁衣、開店、開市、交易、修造、出行、栽植	求醫、赴任、葬儀
平	平凡普通	移徙、安葬、修造、裁衣	栽種、掘溝、服藥
定	陰氣衍生	嫁娶、移徙、祭祀、修造、造屋、交易	訴訟、求醫
執	操收執著	播種、嫁娶、祭祀、栽種、掘井、捕捉、漁獵	移徙、出行、開倉、開市
破	諸事耗損	罪罰、出獵、治病	大凶、諸吉事不宜
危	招致意外	造酒、凡事慎重	登山、乘馬、乘船、出行不宜

成	萬物成長	造屋、開市、交易、出行、移徙、嫁娶、祈福、入學、開店、播種	訴訟、爭鬥
收	收穫有成	入學、嫁娶、造屋、買賣、開市、祭祀、求財、修造、移徙、播種	求醫、出行、葬儀
開	開端新生	入學、嫁娶、移徙、開市、祭祀、交易、習藝、造屋、開業	葬儀
閉	堅固閉合	儲蓄、安葬、出行、築堤	開店、開市、出行

第二節 運用農民曆上的二十八星宿來擇日用事

在農民曆及通書上也大都會有二十八星宿，然而這些星宿各管什麼用途呢？

◆ 翻開通書就可看到二十八星宿每日值星神煞

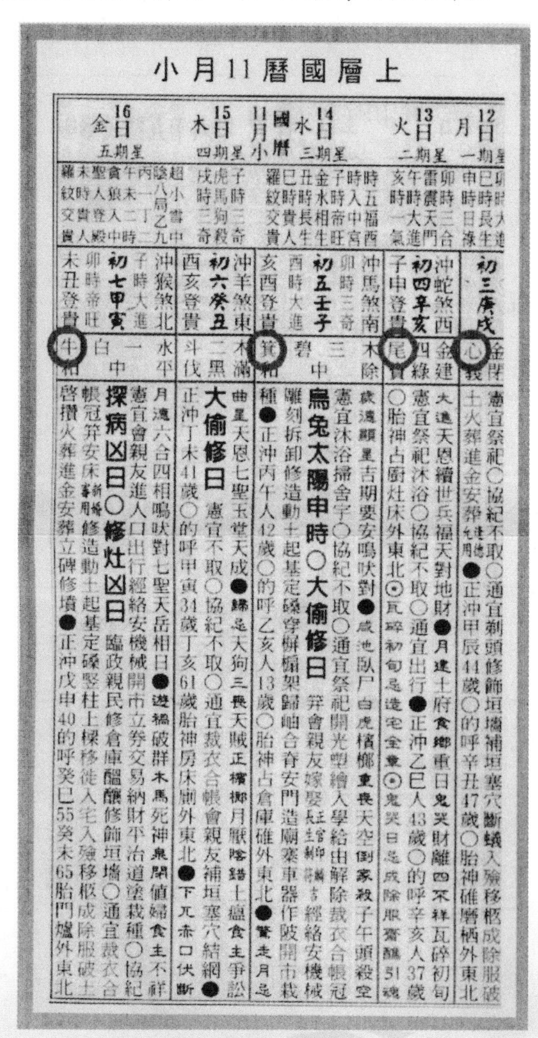

上層國曆11月小

國曆 11月小

12日 月 星期一
巳時長生 申時日祿
初三庚戌
心
憲宜祭祀○協紀不取○通宜剃頭修飾垣墻補垣塞穴斷蟻入殮移柩成除服破
土火葬進金安葬●正沖甲辰44歲○的呼辛丑47歲○胎神碓磨栖外東北

13日 火 星期二
卯時三合 雷震天門 午時大進 亥時一氣
沖蛇煞西 初四辛亥 子申登貴
金建 四綠 尾
大進天恩續世兵福天對地財●月建土府食鄉重日鬼哭財離四不祥瓦碎初旬
憲宜祭祀沐浴○協紀不取○通宜出行●正沖乙巳人43歲○的呼辛亥人37歲
○胎神占廚灶床外東北⊙瓦碎初旬忌造宅全章⊙鬼哭日忌成除服齋醮51穢

14日 水 星期三
時五福西 時入中宮 子時帝旺 金水相生 丑時長生 巳時貴人 羅紋交貴
沖馬煞南 卯時三奇 初五壬子 酉時大進 亥酉登貴
木除 三碧 中 箕
歲德顯星吉期要安鳴吠對●歲池臥尸白虎檳榔重喪天空倒家殺子午頭殺空
憲宜沐浴掃舍宇○協紀不取○通宜祭祀開光塑繪入學給由解除裁衣合帳冠
烏兎太陽申時○大偷修日 笄會親友嫁娶經絡安機械
雕刻拆卸修造動土起基定磉穿樹欄架歸岫合脊安門造廟塞車器作陂開市栽
種●正沖丙午人42歲○的呼乙亥人13歲○胎神占倉庫碓外東北●驚走月忌

15日 木 星期四
子時三奇 虎馬狗殺 戌時三奇
沖羊煞東 初六癸丑 酉亥登貴
木滿 二黑 斗 伐
曲星天恩七聖玉堂天成●歸忌天狗三喪天賊正檳榔月厭陰錯土瘟食主爭訟
大偷修日 憲宜不取○協紀不取○通宜裁衣合帳會親友補垣塞穴結網●
正沖丁未41歲○的呼甲寅34歲丁亥61歲胎神房床廁外東北●下兀赤口伏斷

16日 金 星期五
超小雪中 陰八局乙九 丙一丁二 午未二時 貪狼入中 聖人登殿 未時貴人 羅紋交貴
沖猴煞北 子時大進 初七甲寅 卯時帝旺 未丑登貴
水平 一白 中 牛
月德六合四相鳴吠對七聖天岳相日●遊禍破群木馬死神梟關值婦食主不祥
憲宜會親友進人口出行經絡安機械開市立券交易納財平治道塗栽種○協紀
探病凶日○修灶凶日 臨政親民修倉庫醞釀修飾垣墻○通宜裁衣合
帳冠笄安床（新婚用事）修造動土起基定磉豎柱上樑移徙入宅入殮移柩成除服破土
啓攢火葬進金安葬立碑修墳●正沖戊申40的呼癸巳55癸未65胎門爐外東北

依其星宿走到之日可以斷其日之行事吉凶，逢其星宿出生之人就能斷一生吉凶，以下就二十八星宿日提供各位讀者在用事時之參考。

農民曆上該日有此字【二十八星宿】可用於：

角	婚禮、旅行、穿新衣、立柱、立門、移徙、裁衣吉。葬儀凶。
	此日出生之人，壯年時多為妻子勞苦，至晚年萬事如意。
亢	婚禮、播種、買牛馬吉。建屋凶。
	此日出生之人少福祿，到老愈凶，若不奢侈而持和平者，老而得榮。
氐	婚禮、播種吉。買田園、造倉庫吉。葬儀凶。
	此日出生之人福祿豐厚，願望如意，到老愈榮。
房	祭祀、婚姻、上樑、移徙吉。買田園、裁衣凶。
	此日出生之人有威德，有福祿，少年雖吉，到老不吉，要修德行。
心	祭祀、移徙、旅行吉。裁衣、其他凶。
	此日出生之人雖有逢火災、盜難之運，但福祿豐厚，稱心如意。
尾	婚禮、造作吉。裁衣凶。
	此日出生之人雖有福祿，但有時逢火難、失財之虞，要慎重注意。
箕	開池、造屋、收財吉。婚禮、葬禮、裁衣凶。
	此日出生之人住所不定，年老有災，若有憐憫愛護他人之心，則逢凶化吉。
斗	掘井、建倉、裁衣吉。
	此日出生之人雖屬薄福之人，但有才能，受賢良之所愛而得福。

牛	萬事進行大吉。要正直行善，敬神佛自得庇佑。
	此日出生之人雖有福祿，而屬短命，若長壽必貧。
女	學藝吉。裁衣、葬禮、爭訟凶。
	此日出生之人薄福，又好與人爭論而惹禍，多有眷族之累，要謹慎。行善以補之。
虛	不論何事，退守則吉。
	此日出生之人薄福，又好與人爭鬥而惹禍，萬事要謹慎注意。
危	塗壁、出行、納財吉。其他要戒慎。不可造高樓。
	此日出生之人希望可得達成。
室	婚禮、造作、移徙、掘井吉。其他要戒慎，葬儀凶。
	此日出生之人少年不好，老而有望，旅行中往往有失物之虞要注意。
壁	婚禮、造作吉。往南方凶。
	此日出生之人一生多病而短命，但心正而愛人，節飲食者，可保長壽。
奎	出行、掘井、裁衣吉。開店凶。
	此日出生之人雖是長壽，老而多凶，但富愛心者可以避之。
婁	造庭、裁衣、婚禮吉。往南方凶。
	此日出生之人少年雖有凶，老而有福祿，若放蕩即變為貧窮之命。
胃	公事吉。私事、裁衣凶。
	此日出生之人少年時多病弱，諸事不如意，但老後皆順適。

<table>
<tr><td rowspan="2">昴</td><td>萬事大吉。裁衣凶。</td></tr>
<tr><td>此日出生之人少年時代多勞苦，老後多幸福，諸事皆順適。</td></tr>
<tr><td rowspan="2">畢</td><td>造屋、造橋、掘井、葬儀吉。</td></tr>
<tr><td>此日出生之人一生不得福祿，願望難成，事事若謹慎，正直，而行善者，反為得福。</td></tr>
<tr><td rowspan="2">觜</td><td>大惡日，萬事凶。</td></tr>
<tr><td>此日出生之人一生住所不定，至老變凶，若有慈善心，而施陰德者，反得平安、幸福。</td></tr>
<tr><td rowspan="2">參</td><td>婚禮、旅行、求財、養子、立門吉。裁衣、葬儀凶。</td></tr>
<tr><td>此日出生之人一生能保福祿、長壽，萬事稱心如意，若驕必破財。</td></tr>
<tr><td rowspan="2">井</td><td>祭祀、掘井、播種吉。裁衣凶。</td></tr>
<tr><td>此日出生之人，一生妻子薄緣，但老年萬事如意，對貧者施捨有福報。</td></tr>
<tr><td rowspan="2">鬼</td><td>婚禮凶。往西方亦凶。其他無妨。</td></tr>
<tr><td>此日出生之人少年時多勞心，但老後如意。</td></tr>
<tr><td rowspan="2">柳</td><td>造作、婚禮吉。葬儀凶。</td></tr>
<tr><td>此日出生之人一生有福祿，但多好與人爭鬥，需要謹慎。</td></tr>
<tr><td rowspan="2">星</td><td>婚禮、播種吉。葬儀、裁衣凶。</td></tr>
<tr><td>此日出生之人多福、萬事如願，但老年多勞心。</td></tr>
</table>

張	裁衣、婚禮、祭祀吉。
	此日出生之人能立身振作，願望達成，又有官緣得祿之兆。
翼	百事皆不利。大凶。
	此日出生之人一生多貧，不貧則夭，所以要修身行善，天必賜福。
軫	買田園、掘井、婚禮、入學、裁衣吉。向北方旅行凶。
	此日出生之人一生多福，愈老愈得厚福。

第三節　如何看懂農民曆上的四季、月建、四孟

在新居落成或新官上任，我們常會看到有人會贈送匾額，在匾額上，贈送單位或贈送人，大都會刻上贈送日期及贈送人。

如：孟春端月——其實是指春季一月送的

孟夏梅月——其實是指夏季四月送的

孟秋瓜月——其實是指秋季七月送的

其餘參考表格自行類推

以下表格背起來就會很厲害了，以後到朋友家看到匾額您就可以說出哪年哪月所送的。

四季	月建	四孟	俗名	節氣	陽曆月日（節）	陽曆月日（氣）
春	寅	孟春	端	立春　雨水	2月4-5日	2月19-20日
	卯	仲春	花	驚蟄　春分	3月5-6日	3月20-21日
	辰	季春	桐	清明　穀雨	4月4-5日	4月20-21日
夏	巳	孟夏	梅	立夏　小滿	5月5-6日	5月20-21日
	午	仲夏	蒲	芒種　夏至	6月5-6日	6月21-22日
	未	季夏	荔	小暑　大暑	7月7-8日	7月22-23日
秋	申	孟秋	瓜	立秋　處暑	8月7-8日	8月23-24日
	酉	仲秋	桂	白露　秋分	9月7-8日	9月22-23日
	戌	季秋	菊	寒露　霜降	10月8-9日	10月23-24日
冬	亥	孟冬	陽	立冬　小雪	11月7-8日	11月22-23日
	子	仲冬	葭	大雪　冬至	12月7-8日	12月22-23日
	丑	季冬	臘	小寒　大寒	1月5-6日	1月20-21日

第四節　中國民俗節日開運法

在坊間有一群人專門遵照舊有習俗配合來做某一些開運事情，以下就是每年每月的特定日做某些事就可以開運了。

● 以下日期是以「農曆」為主：

正月初一日　正月，過年喜氣洋洋之月，有很多人會在這個月「選擇」買車、買房子、嫁娶、新居落成之類的喜事，親朋好友也會在此月來作客、拜訪，所以喜上加喜。

二月初二日　「財氣」，土地公的生日，人人都知道「財氣很強」，可以在這天初一晚上子正十二點整，買些土地公愛吃的麻糬、糖果、蛋糕來祝壽，子正十二點整來拜才是正「初二」，以祈求一整年「好運氣」。

三月初三日　「情氣」，可特別在這天約丈夫、妻子、男女朋友等出去吃飯、看電影、唱歌，唱愛你一萬年、永遠愛妳之類歌曲，這時求婚一定成功，夫妻吵架一定會在這天和好。

四月初四日　「禁忌」，中國有開運就有禁忌，中國人對四的數字特別敏感，不管車牌、電話號碼都會刻意避開「四」這個數字，可以在這天放兩個柿子及一對如意，例：柿柿如意。或象牙之類避邪，放在個人本命方位或財位方。

五月初五日　「煞氣」，大家都知道是肉粽節的日子，這天煞氣特別強，可以在這一天喝點雄黃酒或家裡擺一些避邪的植物草類，如香茅、芙蓉之植物，可除去煞氣。

六月初六日　「霉氣」，六月梅雨季節正當時，一會兒下雨，一會兒出太陽，不管是食物、衣服、鞋子、棉被，拿出來曬太陽，不只可去除霉氣，後半年還可以有好運氣，一舉兩得。

七月初七日　「傷氣」，大家知道這一天是情人節，牛郎和織女一年見一次面，他們婚姻沒有很好的結果，所以夫妻、情侶避免在七月份的日子約會、談求婚之事或和諧之事。

八月初八日　「官氣」，想要求官，想求個一官半職之人可特別在這一天開運造命、拜拜來祈求官職的事宜，這個月可說是財官兩旺之月。

九月初九日　「壽氣」，可特別在這一天吃一點麵線、壽桃、白湯圓之類食物，祈求長命百歲。

十月、十一月、十二月　中國人開運用單數，雙數就不用，其中好日子很多，如雙十節、聖誕節等不錯的日子喔！

❖第三章❖

擇日時必須參考的共用資料

在任何擇日的原則下一定要以個人的八字為基本要件，來找出對自己最有利的日子與時辰，所以在傳統的經驗裡有一些神煞我們不得不慎重挑選才不會造成日後之傷害，諸如：三合、六合、堆貴、進貴、進長生、堆長生、進旺、堆旺、進祿、堆祿、進馬、堆馬等對我們有利者應多加運用，諸如：相沖、三殺、回頭貢殺、三刑、箭刃等一定不能用，在您擇日時如能謹遵這些資料，就能對您的用事產生加分效果。

第一節　擇日時必須參考的共用資料、刑沖合害篇【表A】

幾乎所有擇日事項都必須用到該資料，所以稱為共用資料：

本命	三合	六合	堆貴	進貴	進長生	堆長生	進旺	堆旺	進祿	堆祿	進馬	堆馬		相沖	三殺	回頭貢殺	三刑	箭
甲子金	辰申	丑	丑未	乙己	辛	亥	壬	卯	癸	寅		寅		午	未		卯	卯
甲戌火	寅午	卯	丑未			亥		卯		寅		申		辰	丑	亥卯未全	丑未	卯
甲申水	子辰	巳	丑未	乙己	壬	亥	辛	卯	庚	寅	寅午戌	寅		寅	未		巳	卯
甲午金	寅戌	未	丑未	辛	乙	亥	丙戊	卯	丁己	寅		申		子	丑		午	卯
甲辰火	子申	酉	丑未			亥		卯		寅		寅		戌	未	巳酉丑全	辰	卯
甲寅水	午戌	亥	丑未	辛	丙戊	亥	乙	卯	甲	寅	申子辰	申		申	丑		巳	卯
乙丑金	巳酉	子	子申	甲戊庚		午		寅		卯		亥		未	辰	寅午戌全	戌	辰
乙亥火	卯未	寅	子申	丙丁	甲	午	癸	寅	壬	卯	巳酉丑	巳		巳	戌		亥	辰
乙酉水	丑巳	辰	子申	丙丁	丁己	午	庚	寅	辛	卯		亥		卯	辰		酉	辰
乙未金	卯亥	午	子申	甲戊庚		午		寅		卯		巳		丑	戌	申子辰全	戌	辰
乙巳火	丑酉	申	子申	壬癸	庚	午	丁己	寅	丙戊	卯	亥卯未	亥		亥	辰		寅申	辰
乙卯水	未亥	戌	子申	壬癸	癸	午	甲	寅	乙	卯		巳		酉	戌		子	辰

寅火	午戌	亥	酉亥	辛	丙戊	寅	乙	午	甲	巳	申子辰	申		申	丑		巳	子午
子水	辰申	丑	酉亥	乙己	辛	寅	壬	午	癸	巳		寅		午	未		卯	子午
戌土	寅午	卯	酉亥			寅		午		巳		申		辰	丑	亥卯未全	丑未	子午
申火	子辰	巳	酉亥	乙己	壬	寅	辛	午	庚	巳	寅午戌	寅		寅	未		巳	子午
午水	寅戌	未	酉亥	辛	乙	寅	丙戊	午	丁己	巳		申		子	丑		午	子午
辰土	子申	酉	酉亥			寅		午		巳		寅		戌	未	巳酉丑全	辰	子午
卯火	未亥	戌	酉亥	壬癸	癸	酉	甲	巳	乙	午		巳		酉	戌		子	丑未
丑水	巳酉	子	酉亥	甲戊庚		酉		巳		午		亥		未	辰	寅午戌全	戌	丑未
亥土	卯未	寅	酉亥	丙丁	甲	酉	癸	巳	壬	午	巳酉丑	巳		巳	戌		亥	丑未
酉火	丑巳	辰	酉亥	丙丁	丁己	酉	庚	巳	辛	午		亥		卯	辰		酉	丑未
未水	卯亥	午	酉亥	甲戊庚		酉		巳		午		巳		丑	戌	申子辰全	戌	丑未
巳土	丑酉	申	酉亥	壬癸	庚	酉	丁己	巳	丙戊	午	亥卯未	亥		亥	辰		寅申	丑未
辰木	子申	酉	丑未			寅		午		巳		寅		戌	未	巳酉丑全	辰	子午
寅土	午戌	亥	丑未	辛	丙戊	寅	乙	午	甲	巳	申子辰	申		申	丑		巳	子午
子火	辰申	丑	丑未	乙己	辛	寅	壬	午	癸	巳		寅		午	未		卯	子午
戌木	寅午	卯	丑未			寅		午		巳		申		辰	丑	亥卯未全	丑未	子午
申土	子辰	巳	丑未	乙己	壬	寅	辛	午	庚	巳	寅午戌	寅		寅	未		巳	子午
午火	寅戌	未	丑未	辛	乙	寅	丙戊	午	丁己	巳		申		子	丑		午	子午
巳木	丑酉	申	子申	壬癸	庚	酉	丁己	巳	丙戊	午	亥卯未	亥		亥	辰		寅申	丑未
卯土	未亥	戌	子申	壬癸	癸	酉	甲	巳	乙	午		巳		酉	戌		子	丑未
丑火	巳酉	子	子申	甲戊庚		酉		巳		午		亥		未	辰	寅午戌全	戌	丑未
亥木	卯未	寅	子申	丙丁	甲	酉	癸	巳	壬	午	巳酉丑	巳		巳	戌		亥	丑未
酉土	丑巳	辰	子申	丙丁	丁己	酉	庚	巳	辛	午		亥		卯	辰		酉	丑未
未火	卯亥	午	子申	甲戊庚		酉		巳		午		巳		丑	戌	申子辰全	戌	丑未

庚午土	寅戌	未	丑未	辛	乙	巳	丙戊	酉	丁己	申		申		子	丑		午	卯
庚辰金	子申	酉	丑未			巳		酉		申		寅		戌	未	巳酉丑全	辰	卯
庚寅木	午戌	亥	丑未	辛	丙戊	巳	乙	酉	甲	申	申子辰	申		申	丑		巳	卯
庚子土	辰申	丑	丑未	乙己	辛	巳	壬	酉	癸	申		寅		午	未		卯	卯
庚戌金	寅午	卯	丑未			巳		酉		申		申		辰	丑	亥卯未全	丑未	卯
庚申木	子辰	巳	丑未	乙己	壬	巳	辛	酉	庚	申	寅午戌	寅		寅	未		巳	卯
辛未土	卯亥	午	寅午	甲戊庚		子		申		酉		巳		丑	戌	申子辰全	戌	辰
辛巳金	丑酉	申	寅午	壬癸	庚	子	丁己	申	丙戊	酉	亥卯未	亥		亥	辰		寅申	辰
辛卯木	未亥	戌	寅午	壬癸	癸	子	甲	申	乙	酉		巳		酉	戌		子	辰
辛丑土	巳酉	子	寅午	甲戊庚		子		申		酉		亥		未	辰	寅午戌全	戌	辰
辛亥金	卯未	寅	寅午	丙丁	甲	子	癸	申	壬	酉	巳酉丑	巳		巳	戌		亥	辰
辛酉木	丑巳	辰	寅午	丙丁	丁己	子	庚	申	辛	酉		亥		卯	辰		酉	辰
壬申金	子辰	巳	卯巳	乙己	壬	申	辛	子	庚	亥	寅午戌	寅		寅	未		巳	子
壬午木	寅戌	未	卯巳	辛	乙	申	丙戊	子	丁己	亥		申		子	丑		午	子
壬辰水	子申	酉	卯巳			申		子		亥		寅		戌	未	巳酉丑全	辰	子
壬寅金	午戌	亥	卯巳	辛	丙戊	申	乙	子	甲	亥	申子辰	申		申	丑		巳	子
壬子木	辰申	丑	卯巳	乙己	辛	申	壬	子	癸	亥		寅		午	未		卯	子
壬戌水	寅午	卯	卯巳			申		子		亥		申		辰	丑	亥卯未全	丑未	子
癸酉金	丑巳	辰	卯巳	丙丁	丁己	卯	庚	亥	辛	子		亥		卯	辰		酉	丑
癸未木	卯亥	午	卯巳	甲戊庚		卯		亥		子		巳		丑	戌	申子辰全	戌	丑
癸巳水	丑酉	申	卯巳	壬癸	庚	卯	丁己	亥	丙戊	子	亥卯未	亥		亥	辰		寅申	丑
癸卯金	未亥	戌	卯巳	壬癸	癸	卯	甲	亥	乙	子		巳		酉	戌		子	丑
癸丑木	巳酉	子	卯巳	甲戊庚		卯		亥		子		亥		未	辰	寅午戌全	戌	丑
癸亥水	卯未	寅	卯巳	丙丁	甲	卯	癸	亥	壬	子	巳酉丑	巳		巳	戌		亥	丑

吉神析義				凶神註解			
乙貴人 昜貴人	宜祈福求嗣出行入宅 嫁娶修造宅葬百事吉	明堂黃道 玉堂黃道	宜興眾務修造宅移徙 作灶安床入宅開市吉	日時沖破	本日支神對沖時支神 忌婚娶造宅葬百事凶	大退時	忌開光修造宅安葬 須合大進秀氣補扶
文交貴	日時會貴人交織為是 如甲子日會乙丑時也	天德黃道 司命黃道	宜祭祀祈福設醮祀神 起造修作灶 祀灶吉	截路空亡	忌祭祀祈福設醮起鼓 開光齋醮上官出行凶	六戊時	忌焚香祈福設齋醮 須明星丙日婁宿制
官貴人 昌貴人	宜上官出行求財見貴 祭祀祈福祀神百事吉	金匱黃道 青龍黃道	宜祈福婚娶安床移徙 入宅修造安葬百事吉	天狗下食	忌祭祀祈福設醮修齋 須明星丙日時婁宿制	暗天賊	忌祭祀祈福設齋醮 須明星丙日婁宿制
星貴人	宜祭祀祈福求嗣開市 婚娶入宅安葬百事吉	唐符少微 國印少微	宜上官出行求財見貴 婚娶進人口移徙造葬	天牢黑道 天刑黑道	忌上官赴任營建移徙 遠行詞訟眾務吉多用	天兵時	忌上樑蓋屋入殮凶 其餘變喜神 吉用
天大進	宜祭祀祈福出行婚娶 修造宅入宅葬百事吉	左輔鳳輦 右弼鳳輦	宜上官見貴出行求財 婚娶進人口移徙造葬	白虎黑道 朱雀黑道	忌眾務◎白虎麟符制 朱雀須鳳凰符制化用	地兵時 雷兵時	地兵忌動土修造凶 雷兵忌修船不可用
合五合 六合	宜祭祀祈福出行婚娶 入宅修造安葬百事吉	傳送功曹 明星守護	宜祭祀祈福設醮齋醮 明星制天地賊天狗食	勾陳黑道 元武黑道	忌上官赴任遠行出軍 營建眾務若吉多堪用	日建時	即本日之支辰為建 忌造船行船餘吉用
神武曲 赦武曲	宜祭祀祈福求嗣齋醮 出行婚娶安葬百事吉	福德天貴 福德寶光	宜祈福齋醮出行婚娶 修造宅葬移徙開市吉	旬中空亡	忌上官赴任出行求財 宜開生壙合壽木大吉	日煞時	忌營建興造吉多用 須黃道合祿貴德化
元長生 元帝旺	宜祈福婚娶移徙開市 修造安葬入宅百事吉	明輔天開 明輔貪狼	宜上官出行求財婚娶 修造宅移徙開市安葬			日刑時 日害時	忌上官出行諸眾務 須黃道合德祿貴化
貴交馳	日時會貴人祿元交織 為是丁酉日會丙午時	太陽日仙 太陰月仙	宜祈福婚娶出行移徙 修造宅入宅開市安葬			五不遇	忌上官赴任出行凶 餘須合德祿貴解化
地合局 地合格	日時干五合地支六合 如甲申日巳時可制退	金星水星 木星水星	宜祈福婚娶修造宅舍 修造廟作灶入宅安葬	天罡九醜 河魁九醜	忌上官出行如會三德 天赦願黃道祿貴解化	孤辰時 寡宿時	忌結婚姻緣娶安床 其餘諸各事均不忌

<table>
<tr><td rowspan="2">起月禽訣</td><td colspan="12">日室月星火年牛○水參木心正月求</td></tr>
<tr><td colspan="12">金胃土角建寅位○年起月宿例訣頭</td></tr>
<tr><td rowspan="2">日起時禽</td><td colspan="12">子時數起十二支○日虛月鬼火從箕</td></tr>
<tr><td colspan="12">水畢木氐金奎位○土宿還從翼上推</td></tr>
<tr><td rowspan="2">日時伏斷</td><td colspan="12">子虛丑斗寅加室○卯女辰箕巳房辰</td></tr>
<tr><td colspan="12">午角未張申忌鬼○酉觜戌胃壁亥陳</td></tr>
<tr><td rowspan="2">暗金伏斷</td><td colspan="12">太陽子酉寅○太陰午上尋○火歸丑卯戌</td></tr>
<tr><td colspan="12">金申木亥辰○水未土在巳○暗金定時真</td></tr>
<tr><td>彭祖百忌</td><td>○甲不
開倉</td><td>○乙不
栽種</td><td>○丙不
修灶</td><td>○丁不
剃頭</td><td>○戊不
受田</td><td>○己不
破券</td><td>○庚不
經絡</td><td>○辛不
合醬</td><td>○壬不
汲水</td><td>○癸不
詞訟</td><td></td><td></td></tr>
<tr><td></td><td>○子不
問卜</td><td>○丑不
帶冠</td><td>○寅不
祭祀</td><td>○卯不
穿井</td><td>○辰不
哭泣</td><td>○巳不
出行</td><td>○午不
苫蓋</td><td>○未不
服藥</td><td>○申不
安床</td><td>○酉不
會客</td><td>○戌不
吃犬</td><td>○亥不
行嫁</td></tr>
<tr><td rowspan="2">十二建星</td><td colspan="2">○建宜出行除療病</td><td colspan="2">○滿宜倉庫及池塘</td><td colspan="2">○平宜道塗並泥飾</td><td colspan="2">○定宜冠帶喜非常</td><td colspan="2">○執宜捕捉及漁獵</td><td colspan="2">○破宜治病壞牆垣</td></tr>
<tr><td colspan="2">○危宜安床忌履險</td><td colspan="2">○成日百事總禎祥</td><td colspan="2">○收宜嫁娶並財貨</td><td colspan="2">○開為百吉葬招殃</td><td colspan="2">○閉宜合帳並纏足</td><td colspan="2">○埋葬塞穴築堤堰</td></tr>
</table>

第二節　擇日時必須參考的共用資料、座山篇【表B】

以下資料是要提供給要做入宅搬家、動土、安神擇日等等需要考慮方位時，要用到的座山資料，請參考用之。

壬山		
山運	甲己年山運甲戌火・年月日時忌納音水剋，宜柱中納音土、木制	
	乙庚年山運丙戌土・年月日時忌納音木剋，宜柱中納音金、火制	
	丙辛年山運戊戌木・年月日時忌納音金剋，宜柱中納音火、水制	
	丁壬年山運庚戌金・年月日時忌納音火剋，宜柱中納音水、土制	
	戊癸年山運壬戌水・年月日時忌納音土剋，宜柱中納音木、金制	
兼亥	忌	巳年月日時
兼子	忌	午年月日時
三殺	忌	寅午戌年月日時
箭刃忌	忌	子午全
陰府	忌	夏至後丁壬、冬至後乙庚
馬前炙退	忌	巳酉丑年
沖丁殺兼亥	忌	丁巳日
沖丁殺兼子	忌	辛巳日
山方殺	忌	乙卯、丁巳、日、時
羅天大退	忌	甲年
消滅殺	忌	夏至後忌、辛未日
日流太歲	忌	戊子日忌修造葬
星曜殺	忌	戊辰、戊戌、己丑、己未、日時
文曲兼亥	忌	甲子日、忌修造葬、金火填實
文曲兼子	忌	甲寅日、忌修造葬、金火填實
巡山羅睺	忌	亥年、水制
曜殺	忌	戊辰、日時
天燥火	忌	寅申時
地燥火	忌	巳亥時

子山		
山運	甲己年山運戊辰木・年月日時忌納音金剋，宜柱中納音火、水制	
	乙庚年山運庚辰金・年月日時忌納音火剋，宜柱中納音水、土制	
	丙辛年山運壬辰水・年月日時忌納音土剋，宜柱中納音木、金制	
	丁壬年山運甲辰火・年月日時忌納音水剋，宜柱中納音土、木制	
	戊癸年山運丙辰土・年月日時忌納音木剋，宜柱中納音金、火制	
兼壬	忌	午年月日時
兼癸	忌	午年月日時
三殺	忌	寅午戌年月日時
箭射忌	忌	壬丙全
陰府	忌	夏至後丙辛全、冬至後丙辛全
馬前炙退	忌	巳酉丑年
沖丁殺兼壬	忌	丙午日忌
沖丁殺兼癸	忌	庚午日忌
山方殺	忌	乙卯、丁巳、日、時
羅天大退	忌	甲年
日流太歲	忌	戊子日忌修造葬
星曜殺	忌	戊辰、戊戌、己丑、己未、日時
文曲逢	忌	甲寅日、忌修造葬、金火填實
坐山羅睺	忌	申酉年、水制
穿山羅睺	忌	戊癸年、水制
曜殺	忌	戊辰、日時
天燥火	忌	寅申時
地燥火	忌	巳亥時

<table>
<tr><th colspan="3">癸山</th></tr>
<tr><td rowspan="5">山運</td><td colspan="2">甲己年山運戊辰木．年月日時忌納音金剋，宜柱中納音火、水制</td></tr>
<tr><td colspan="2">乙庚年山運庚辰金．年月日時忌納音火剋，宜柱中納音水、土制</td></tr>
<tr><td colspan="2">丙辛年山運壬辰水．年月日時忌納音土剋，宜柱中納音木、金制</td></tr>
<tr><td colspan="2">丁壬年山運甲辰火．年月日時忌納音水剋，宜柱中納音土、木制</td></tr>
<tr><td colspan="2">戊癸年山運丙辰土．年月日時忌納音木剋，宜柱中納音金、火制</td></tr>
<tr><td>兼子</td><td>忌</td><td>午年月日時</td></tr>
<tr><td>兼丑</td><td>忌</td><td>未年月日時</td></tr>
<tr><td>三殺</td><td>忌</td><td>寅午戌年月日時</td></tr>
<tr><td>箭刃忌</td><td>忌</td><td>丑未全</td></tr>
<tr><td>陰府</td><td>忌</td><td>夏至後丙辛全、冬至後丙辛全</td></tr>
<tr><td>馬前炙退</td><td>忌</td><td>巳酉丑年</td></tr>
<tr><td>沖丁殺兼子</td><td>忌</td><td>丙午日</td></tr>
<tr><td>沖丁殺兼丑</td><td>忌</td><td>庚午日</td></tr>
<tr><td>山方殺</td><td>忌</td><td>乙卯、丁巳、日、時</td></tr>
<tr><td>羅天大退</td><td>忌</td><td>甲年</td></tr>
<tr><td>消滅殺</td><td>忌</td><td>冬至後忌、庚午日</td></tr>
<tr><td>曜殺</td><td>忌</td><td>戊辰、日時、忌修造葬</td></tr>
<tr><td>日流太歲</td><td>忌</td><td>戊子日忌修造葬</td></tr>
<tr><td>星曜殺</td><td>忌</td><td>戊辰、戊戌、己丑、己未、日時</td></tr>
<tr><td>文曲逢</td><td>忌</td><td>甲寅日、忌修造葬、金火填實</td></tr>
<tr><td>巡山羅睺</td><td>忌</td><td>子年、水制</td></tr>
<tr><td>天燥火</td><td>忌</td><td>巳亥時</td></tr>
<tr><td>地燥火</td><td>忌</td><td>寅申時</td></tr>
</table>

<table>
<tr><th colspan="4">丑山</th></tr>
<tr><td rowspan="5">山運</td><td colspan="3">甲己年山運戊辰木・年月日時忌納音金剋，宜柱中納音火、水制</td></tr>
<tr><td colspan="3">乙庚年山運庚辰金・年月日時忌納音火剋，宜柱中納音水、土制</td></tr>
<tr><td colspan="3">丙辛年山運壬辰水・年月日時忌納音土剋，宜柱中納音木、金制</td></tr>
<tr><td colspan="3">丁壬年山運甲辰火・年月日時忌納音水剋，宜柱中納音土、木制</td></tr>
<tr><td colspan="3">戊癸年山運丙辰土・年月日時忌納音木剋，宜柱中納音金、火制</td></tr>
<tr><td>兼癸</td><td>忌</td><td colspan="2">未年月日時</td></tr>
<tr><td>兼艮</td><td>忌</td><td colspan="2">未年月日時</td></tr>
<tr><td>三殺</td><td>忌</td><td colspan="2">寅午戌年月日時</td></tr>
<tr><td>箭射忌</td><td>忌</td><td colspan="2">丁癸全</td></tr>
<tr><td>陰府</td><td>忌</td><td colspan="2">夏至後乙庚全、冬至後乙庚全</td></tr>
<tr><td>沖丁殺兼癸</td><td>忌</td><td colspan="2">丁未日</td></tr>
<tr><td>沖丁殺兼艮</td><td>忌</td><td colspan="2">辛未日</td></tr>
<tr><td>山方殺</td><td>忌</td><td colspan="2">庚申、壬午、日、時</td></tr>
<tr><td>羅天大退</td><td>忌</td><td colspan="2">丙丁年</td></tr>
<tr><td rowspan="2">消滅殺兼艮</td><td rowspan="2">忌</td><td>小雪後忌癸酉日</td><td rowspan="2">兼癸冬至後庚午日</td></tr>
<tr><td>處暑後忌乙卯日</td></tr>
<tr><td>曜殺</td><td>忌</td><td colspan="2">丙寅、日時、忌修造葬</td></tr>
<tr><td>日流太歲</td><td>忌</td><td colspan="2">戊寅日忌修造葬</td></tr>
<tr><td>星曜殺</td><td>忌</td><td colspan="2">甲寅、乙卯日</td></tr>
<tr><td>文曲逄</td><td>忌</td><td colspan="2">甲寅日、忌修造葬、金火填實</td></tr>
<tr><td>天燥火</td><td>忌</td><td colspan="2">巳亥時</td></tr>
<tr><td>地燥火</td><td>忌</td><td colspan="2">寅申時</td></tr>
</table>

艮山		
山運	甲己年山運辛未土・年月日時忌納音木剋，宜柱中納音金、火制	
	乙庚年山運癸未木・年月日時忌納音金剋，宜柱中納音火、水制	
	丙辛年山運乙未金・年月日時忌納音火剋，宜柱中納音水、土制	
	丁壬年山運丁未水・年月日時忌納音土剋，宜柱中納音木、金制	
	戊癸年山運己未火・年月日時忌納音水剋，宜柱中納音土、木制	
兼丑	忌	未年月日時
兼寅	忌	申年月日時
三殺兼丑	忌	寅午戌年月日時、兼寅：巳酉丑年月日時
箭刃忌	忌	寅申全
陰府	忌	夏至後甲己全、冬至後甲己全
沖丁殺兼丑	忌	丁未日
沖丁殺兼寅	忌	辛未日
山方殺	忌	庚申、壬午、日、時
羅天大退	忌	丙丁年
消滅殺	忌	小雪後忌癸酉日
		處暑後忌乙卯日
曜殺	忌	丙寅、日時、忌修造葬
日流太歲	忌	戊寅日忌修造葬
巡山羅睺	忌	丑未年、水制
坐山羅睺	忌	
星曜殺	忌	甲寅、乙卯日
文曲兼丑	忌	甲寅日、忌修造葬、金火填實
文曲兼寅		甲辰日、忌修造葬、金火填實
天燥火	忌	卯酉時
地燥火	忌	子午時

<table>
<tr><th colspan="3">寅山</th></tr>
<tr><td rowspan="5">山運</td><td colspan="2">甲己年山運戊辰木・年月日時忌納音金剋，宜柱中納音火、水制</td></tr>
<tr><td colspan="2">乙庚年山運庚辰金・年月日時忌納音火剋，宜柱中納音水、土制</td></tr>
<tr><td colspan="2">丙辛年山運壬辰水・年月日時忌納音土剋，宜柱中納音木、金制</td></tr>
<tr><td colspan="2">丁壬年山運甲辰火・年月日時忌納音水剋，宜柱中納音土、木制</td></tr>
<tr><td colspan="2">戊癸年山運丙辰土・年月日時忌納音木剋，宜柱中納音金、火制</td></tr>
<tr><td>兼艮</td><td>忌</td><td>申年月日時</td></tr>
<tr><td>兼甲</td><td>忌</td><td>申年月日時</td></tr>
<tr><td>三殺</td><td>忌</td><td>巳酉丑年月日時</td></tr>
<tr><td>陰府</td><td>忌</td><td>夏至後丁壬全、冬至後丁壬全</td></tr>
<tr><td>沖丁殺兼艮</td><td>忌</td><td>丙申日</td></tr>
<tr><td>沖丁殺兼甲</td><td>忌</td><td>庚申日</td></tr>
<tr><td>山方殺</td><td>忌</td><td>庚申、壬午、日、時</td></tr>
<tr><td>羅天大退</td><td>忌</td><td>丙丁年</td></tr>
<tr><td>消滅殺兼艮</td><td rowspan="2">忌</td><td>處暑後忌乙卯日、小雪忌癸酉日</td></tr>
<tr><td>消滅殺兼甲</td><td>夏至後忌辛丑日、秋分忌辛未日</td></tr>
<tr><td>曜殺</td><td>忌</td><td>丙寅、日時、忌修造葬</td></tr>
<tr><td>日流太歲</td><td>忌</td><td>戊寅日忌修造葬</td></tr>
<tr><td>星曜殺</td><td>忌</td><td>庚申、辛酉日</td></tr>
<tr><td>文曲逢</td><td>忌</td><td>甲辰日、忌修造葬、金火填實</td></tr>
<tr><td>穿山羅睺</td><td>忌</td><td>戊癸年、水制</td></tr>
<tr><td>天燥火</td><td>忌</td><td>辰戌時</td></tr>
<tr><td>地燥火</td><td>忌</td><td>丑未時</td></tr>
</table>

甲山		
山運	甲己年山運戊辰木．年月日時忌納音金剋，宜柱中納音火、水制	
	乙庚年山運庚辰金．年月日時忌納音火剋，宜柱中納音水、土制	
	丙辛年山運壬辰水．年月日時忌納音土剋，宜柱中納音木、金制	
	丁壬年山運甲辰火．年月日時忌納音水剋，宜柱中納音土、木制	
	戊癸年山運丙辰土．年月日時忌納音木剋，宜柱中納音金、火制	
兼寅	忌	申年月日時
兼卯	忌	酉年月日時
箭刃忌	忌	卯酉全
三殺	忌	巳酉丑年月日時
陰府	忌	夏至後丁壬、冬至後乙庚
馬前炙退	忌	申子辰年
沖丁殺兼寅	忌	丙申日
沖丁殺兼卯	忌	庚申日
山方殺	忌	丙寅、己亥、日、時
羅天大退	忌	乙年
消滅殺	忌	夏至後忌辛丑日、忌修造葬
		秋分後忌辛未日、忌修造葬
曜殺	忌	庚申、日時、忌修造葬
日流太歲	忌	己卯日忌修造葬
星曜殺	忌	庚申、辛酉日
文曲逢	忌	甲辰日、忌修造葬、金火填實
巡山羅睺	忌	寅年、水制
天燥火	忌	寅申時
地燥火	忌	巳亥時

卯山		
山運	甲己年山運辛未土・年月日時忌納音木剋，宜柱中納音金、火制	
	乙庚年山運癸未木・年月日時忌納音金剋，宜柱中納音火、水制	
	丙辛年山運乙未金・年月日時忌納音火剋，宜柱中納音水、土制	
	丁壬年山運丁未水・年月日時忌納音土剋，宜柱中納音木、金制	
	戊癸年山運己未火・年月日時忌納音水剋，宜柱中納音土、木制	
兼甲	忌	酉年月日時
兼乙	忌	酉年月日時
箭射忌	忌	甲庚全
三殺	忌	巳酉丑年月日時
陰府	忌	夏至後戊癸全、冬至後戊癸全
馬前炙退	忌	申子辰年
沖丁殺兼甲	忌	丁酉日
沖丁殺兼乙	忌	辛酉日
山方殺	忌	丙寅、己亥午、日、時
羅天大退	忌	乙年
消滅殺	忌	大寒後忌丁卯日、忌修造葬
		穀雨後忌丁酉日、忌修造葬
曜殺	忌	庚申、日時、忌修造葬
日流太歲	忌	己卯日忌修造葬
坐山羅睺	忌	寅年、水制
星曜殺	忌	庚申、辛酉日
文曲逢	忌	甲辰日、忌修造葬、金火填實
天燥火	忌	辰戌時
地燥火	忌	丑未時

<table>
<tr><th colspan="3">乙山</th></tr>
<tr><td rowspan="5">山運</td><td colspan="2">甲己年山運甲戌火・年月日時忌納音水剋，宜柱中納音土、木制</td></tr>
<tr><td colspan="2">乙庚年山運丙戌土・年月日時忌納音木剋，宜柱中納音金、火制</td></tr>
<tr><td colspan="2">丙辛年山運戊戌木・年月日時忌納音金剋，宜柱中納音火、水制</td></tr>
<tr><td colspan="2">丁壬年山運庚戌金・年月日時忌納音火剋，宜柱中納音水、土制</td></tr>
<tr><td colspan="2">戊癸年山運壬戌水・年月日時忌納音土剋，宜柱中納音木、金制</td></tr>
<tr><td>兼卯</td><td>忌</td><td>酉年月日時</td></tr>
<tr><td>兼辰</td><td>忌</td><td>戌年月日時</td></tr>
<tr><td>箭刃忌</td><td>忌</td><td>辰戌全</td></tr>
<tr><td>三殺</td><td>忌</td><td>巳酉丑年月日時</td></tr>
<tr><td>陰府</td><td>忌</td><td>夏至後戊癸、冬至後丙辛</td></tr>
<tr><td>馬前炙退</td><td>忌</td><td>申子辰年</td></tr>
<tr><td>沖丁殺兼卯</td><td>忌</td><td>丁酉日</td></tr>
<tr><td>沖丁殺兼辰</td><td>忌</td><td>辛酉日</td></tr>
<tr><td>山方殺</td><td>忌</td><td>丙寅、己亥、日、時</td></tr>
<tr><td>羅天大退</td><td>忌</td><td>乙年</td></tr>
<tr><td rowspan="2">消滅殺</td><td rowspan="2">忌</td><td>冬至後忌庚子日、忌修造葬</td></tr>
<tr><td>春分後忌庚午日、忌修造葬</td></tr>
<tr><td>曜殺</td><td>忌</td><td>庚申、日時、忌修造葬</td></tr>
<tr><td>日流太歲</td><td>忌</td><td>己卯日忌修造葬</td></tr>
<tr><td>巡山羅睺</td><td>忌</td><td>卯年、水制</td></tr>
<tr><td>星曜殺</td><td>忌</td><td>庚申、辛酉日</td></tr>
<tr><td>文曲兼卯</td><td rowspan="2">忌</td><td>甲辰日、忌修造葬、金火填實</td></tr>
<tr><td>文曲兼辰</td><td>甲午日、忌修造葬、金火填實</td></tr>
<tr><td>天燥火</td><td>忌</td><td>丑未時</td></tr>
<tr><td>地燥火</td><td>忌</td><td>辰戌時</td></tr>
</table>

辰山		
山運	甲己年山運戊辰木・年月日時忌納音金剋，宜柱中納音火、水制	
	乙庚年山運庚辰金・年月日時忌納音火剋，宜柱中納音水、土制	
	丙辛年山運壬辰水・年月日時忌納音土剋，宜柱中納音木、金制	
	丁壬年山運甲辰火・年月日時忌納音水剋，宜柱中納音土、木制	
	戊癸年山運丙辰土・年月日時忌納音木剋，宜柱中納音金、火制	
兼乙	忌	戌年月日時
兼巽	忌	戌年月日時
箭射忌	忌	乙辛全
三殺	忌	巳酉丑年月日時
陰府	忌	夏至後丙辛全、冬至後丙辛全
沖丁殺兼乙	忌	丙戌日
沖丁殺兼巽	忌	庚戌日
山方殺	忌	乙卯、丁巳、日、時
羅天大退	忌	庚辛年
消滅殺兼乙	忌	冬至後忌庚子日春分忌庚午日、忌修造葬
消滅殺兼巽		霜降後忌丙子日大暑忌丙午日、忌修造葬
曜殺	忌	辛酉、日時、忌修造葬
日流太歲	忌	戊辰日忌修造葬
穿山羅睺	忌	丁壬年、水制
星曜殺	忌	甲寅、乙卯日
文曲逢	忌	甲午日、忌修造葬、金火填實
天燥火	忌	巳亥時
地燥火	忌	寅申時

<table>
<tr><th colspan="3">巽山</th></tr>
<tr><td rowspan="5">山運</td><td colspan="2">甲己年山運戊辰木・年月日時忌納音金剋，宜柱中納音火、水制</td></tr>
<tr><td colspan="2">乙庚年山運庚辰金・年月日時忌納音火剋，宜柱中納音水、土制</td></tr>
<tr><td colspan="2">丙辛年山運壬辰水・年月日時忌納音土剋，宜柱中納音木、金制</td></tr>
<tr><td colspan="2">丁壬年山運甲辰火・年月日時忌納音水剋，宜柱中納音土、木制</td></tr>
<tr><td colspan="2">戊癸年山運丙辰土・年月日時忌納音木剋，宜柱中納音金、火制</td></tr>
<tr><td>兼辰</td><td>忌</td><td>戌年月日時</td></tr>
<tr><td>兼巳</td><td>忌</td><td>亥年月日時</td></tr>
<tr><td>箭刃忌</td><td>忌</td><td>巳亥全</td></tr>
<tr><td>三殺兼辰</td><td>忌</td><td>巳酉丑年月日時、兼巳忌申子辰年月日時</td></tr>
<tr><td>陰府</td><td>忌</td><td>夏至後甲己全、冬至後甲己全</td></tr>
<tr><td>羅天大退</td><td>忌</td><td>庚辛年</td></tr>
<tr><td>沖丁殺兼辰</td><td>忌</td><td>丙戌日忌修造葬、金火填實</td></tr>
<tr><td>沖丁殺兼己</td><td>忌</td><td>庚戌日忌修造葬、金火填實</td></tr>
<tr><td>山方殺</td><td>忌</td><td>乙卯、丁巳、日、時</td></tr>
<tr><td rowspan="2">消滅殺</td><td rowspan="2">忌</td><td>霜降後忌丙子日、忌修造葬</td></tr>
<tr><td>大暑後忌丙午日、忌修造葬</td></tr>
<tr><td>曜殺</td><td>忌</td><td>辛酉、日時、忌修造葬</td></tr>
<tr><td>日流太歲</td><td>忌</td><td>戊辰日忌修造葬</td></tr>
<tr><td>坐山羅睺</td><td>忌</td><td>戌年、水制</td></tr>
<tr><td>星曜殺</td><td>忌</td><td>庚申、辛酉日</td></tr>
<tr><td>文曲逢</td><td>忌</td><td>甲午日、忌修造葬、金火填實</td></tr>
<tr><td>天燥火</td><td>忌</td><td>巳亥時</td></tr>
<tr><td>地燥火</td><td>忌</td><td>寅申時</td></tr>
</table>

巳山		
山運	甲己年山運辛未土・年月日時忌納音木剋，宜柱中納音金、火制	
	乙庚年山運癸未木・年月日時忌納音金剋，宜柱中納音火、水制	
	丙辛年山運乙未金・年月日時忌納音火剋，宜柱中納音水、土制	
	丁壬年山運丁未水・年月日時忌納音土剋，宜柱中納音木、金制	
	戊癸年山運己未火・年月日時忌納音水剋，宜柱中納音土、木制	
兼巽	忌	亥年月日時
兼丙	忌	
三殺	忌	申子辰年月日時
陰府	忌	夏至後乙庚全、冬至後乙庚全
沖丁殺兼巽	忌	丁亥日
沖丁殺兼丙	忌	辛亥日
山方殺	忌	乙卯、丁巳、日、時
消滅殺兼巽	忌	霜降後忌丙子日大暑後忌丙午日、忌修造葬
消滅殺兼丙		處暑後忌乙卯日小雪後忌癸酉日、忌修造葬
曜殺	忌	辛酉、日時、忌修造葬
日流太歲	忌	戊辰日忌修造葬
羅天大退	忌	庚辛年
星曜殺	忌	壬子、癸亥日
文曲逢	忌	甲午日、忌修造葬、金火填實
天燥火	忌	巳亥時
地燥火	忌	寅申時

丙山		
山運	甲己年山運甲戌火・年月日時忌納音水剋，宜柱中納音木、土制	
	乙庚年山運丙戌土・年月日時忌納音木剋，宜柱中納音火、金制	
	丙辛年山運戊戌木・年月日時忌納音金剋，宜柱中納音水、火制	
	丁壬年山運庚戌金・年月日時忌納音火剋，宜柱中納音土、水制	
	戊癸年山運壬戌水・年月日時忌納音土剋，宜柱中納音金、木制	
兼巳	忌	亥年月日時
兼午	忌	子年月日時
箭刃忌	忌	子午全
三殺	忌	申子辰年月日時
陰府	忌	夏至後甲己全、冬至後甲己全
馬前炙退	忌	亥卯未年
沖丁殺兼巳	忌	丁亥日
沖丁殺兼午	忌	辛亥日
山方殺	忌	壬午、庚申、日、時
消滅殺	忌	處暑後忌乙卯日、忌修造葬
		小雪後忌癸酉日、忌修造葬
曜殺	忌	己亥、日時、忌修造葬
日流太歲	忌	戊午日忌修造葬
星曜殺	忌	壬子、癸亥日
文曲兼巳	忌	甲午日、忌修造葬、金火填實
文曲兼午		甲申日、忌修造葬、金火填實
巡山羅睺	忌	巳年、水制
天燥火	忌	子午時
地燥火	忌	卯酉時

午山		
山運	甲己年山運甲戌火・年月日時忌納音水剋，宜柱中納音土、木制	
	乙庚年山運丙戌土・年月日時忌納音木剋，宜柱中納音金、火制	
	丙辛年山運戊戌木・年月日時忌納音金剋，宜柱中納音火、水制	
	丁壬年山運庚戌金・年月日時忌納音火剋，宜柱中納音水、土制	
	戊癸年山運壬戌水・年月日時忌納音土剋，宜柱中納音木、金制	
兼丙	忌	子年月日時
兼丁	忌	
箭射忌	忌	丙壬全
三殺	忌	申子辰年月日時
陰府	忌	夏至後丁壬全、冬至後丁壬全
馬前炙退	忌	亥卯未年
沖丁殺兼丙	忌	丙子日
沖丁殺兼丁	忌	庚子日
山方殺	忌	壬午、庚申、日、時
消滅殺兼丙	忌	處暑後忌乙卯日小雪忌癸酉日、忌修造葬
消滅殺兼丁		雨水後忌甲辰日小滿忌壬戌日、忌修造葬
曜殺	忌	己亥、日時、忌修造葬
日流太歲	忌	戊午日忌修造葬
星曜殺	忌	壬子、癸亥日
文曲逢	忌	甲申日、忌修造葬、金火填實
坐山羅睺	忌	卯丙辛年
穿山羅睺	忌	
天燥火	忌	子午時
地燥火	忌	卯酉時

<table>
<tr><th colspan="3">丁山</th></tr>
<tr><td rowspan="10">山運</td><td colspan="2">甲己年立春山運乙丑金・年月日時忌納音火剋，宜柱中納音水、土制</td></tr>
<tr><td colspan="2">甲己年冬至山運丁丑水・年月日時忌納音土剋，宜柱中納音木、金制</td></tr>
<tr><td colspan="2">乙庚年立春山運丁丑水・年月日時忌納音土剋，宜柱中納音木、金制</td></tr>
<tr><td colspan="2">乙庚年冬至山運己丑火・年月日時忌納音水剋，宜柱中納音土、木制</td></tr>
<tr><td colspan="2">丙辛年立春山運己丑火・年月日時忌納音水剋，宜柱中納音土、木制</td></tr>
<tr><td colspan="2">丙辛年冬至山運辛丑土・年月日時忌納音木剋，宜柱中納音金、火制</td></tr>
<tr><td colspan="2">丁壬年立春山運辛丑土・年月日時忌納音木剋，宜柱中納音金、火制</td></tr>
<tr><td colspan="2">丁壬年冬至山運癸丑木・年月日時忌納音金剋，宜柱中納音火、水制</td></tr>
<tr><td colspan="2">戊癸年立春山運癸丑木・年月日時忌納音金剋，宜柱中納音火、水制</td></tr>
<tr><td colspan="2">戊癸年冬至山運乙丑金・年月日時忌納音火剋，宜柱中納音水、土制</td></tr>
<tr><td>兼午</td><td>忌</td><td>子年月日時</td></tr>
<tr><td>兼未</td><td>忌</td><td>丑年月日時</td></tr>
<tr><td>箭刃忌</td><td>忌</td><td>未丑全</td></tr>
<tr><td>三殺</td><td>忌</td><td>申子辰年月日時</td></tr>
<tr><td>陰府</td><td>忌</td><td>夏至後乙庚全、冬至後乙庚全</td></tr>
<tr><td>馬前炙退</td><td>忌</td><td>亥卯未年</td></tr>
<tr><td>沖丁殺兼午</td><td>忌</td><td rowspan="2">丙子日、庚子日</td></tr>
<tr><td>沖丁殺兼未</td><td>忌</td></tr>
<tr><td>山方殺</td><td>忌</td><td>壬午、庚申、日、時</td></tr>
<tr><td rowspan="2">消滅殺</td><td rowspan="2">忌</td><td>雨水後忌甲辰日、忌修造葬</td></tr>
<tr><td>小滿後忌壬戌日、忌修造葬</td></tr>
<tr><td>曜殺</td><td>忌</td><td>己亥、日時、忌修造葬</td></tr>
<tr><td>巡山羅睺</td><td>忌</td><td>午年、水制</td></tr>
<tr><td>日流太歲</td><td>忌</td><td>戊午日忌修造葬</td></tr>
<tr><td>星曜殺</td><td>忌</td><td>壬子、癸亥日</td></tr>
<tr><td>文曲逢</td><td>忌</td><td>甲申日、忌修造葬、金火填實</td></tr>
<tr><td>天燥火</td><td>忌</td><td>卯酉時</td></tr>
<tr><td>地燥火</td><td>忌</td><td>子午時</td></tr>
</table>

未山		
山運	甲己年山運戊辰木・年月日時忌納音金剋，宜柱中納音火、水制	
	乙庚年山運庚辰金・年月日時忌納音火剋，宜柱中納音水、土制	
	丙辛年山運壬辰水・年月日時忌納音土剋，宜柱中納音木、金制	
	丁壬年山運甲辰火・年月日時忌納音水剋，宜柱中納音土、木制	
	戊癸年山運丙辰土・年月日時忌納音木剋，宜柱中納音金、火制	
兼丁	忌	丑年月日時
兼坤	忌	
箭射忌	忌	丁癸全
三殺	忌	申子辰丑年月日時
陰府	忌	夏至後戊癸全、冬至後戊癸全
羅天大退	忌	戊己年
沖丁殺兼丁	忌	丁丑日
沖丁殺兼坤	忌	辛丑日
山方殺	忌	辛酉、戊辰、日、時
消滅殺兼丁	忌	雨水後忌甲辰日小滿忌壬戌日、忌修造葬
消滅殺兼坤		冬至後忌庚子日春分忌庚午日、忌修造葬
曜殺	忌	乙卯、日時、忌修造葬
日流太歲	忌	己未日忌修造葬
星曜殺	忌	甲寅、乙卯日
文曲逢	忌	甲申日、忌修造葬、金火填實
天燥火	忌	巳亥時
地燥火	忌	寅申時

坤山		
山運	甲己年山運戊辰木・年月日時忌納音金剋，宜柱中納音火、水制	
	乙庚年山運庚辰金・年月日時忌納音火剋，宜柱中納音水、土制	
	丙辛年山運壬辰水・年月日時忌納音土剋，宜柱中納音木、金制	
	丁壬年山運甲辰火・年月日時忌納音水剋，宜柱中納音土、木制	
	戊癸年山運丙辰土・年月日時忌納音木剋，宜柱中納音金、火制	
兼未	忌	丑年月日時
兼申	忌	寅年月日時
箭刃忌	忌	寅申全
三殺兼未	忌	申子辰年月日時
三殺兼申		亥卯未年月日時
陰府	忌	夏至後戊癸、冬至後丙辛
羅天大退	忌	戊己年
沖丁殺兼未	忌	丁丑日
沖丁殺兼申	忌	辛丑日
山方殺	忌	辛酉、戊辰、日、時
消滅殺	忌	冬至後忌庚子日
		春分後忌庚午日
曜殺	忌	乙卯、日時、忌修造葬
日流太歲	忌	己未日忌修造葬
星曜殺	忌	甲寅、乙卯日
文曲兼未	忌	甲申日、忌修造葬、金火填實
文曲兼申	忌	甲戌日、忌修造葬、金火填實
巡山羅睺	忌	未年、水制
坐山羅睺	忌	巳午年、水制
天燥火	忌	巳亥時
地燥火	忌	寅申時

申山		
山運	甲己年山運戊辰木．年月日時忌納音金剋，宜柱中納音火、水制	
	乙庚年山運庚辰金．年月日時忌納音火剋，宜柱中納音水、土制	
	丙辛年山運壬辰水．年月日時忌納音土剋，宜柱中納音木、金制	
	丁壬年山運甲辰火．年月日時忌納音水剋，宜柱中納音土、木制	
	戊癸年山運丙辰土．年月日時忌納音木剋，宜柱中納音金、火制	
兼坤	忌	寅年月日時
兼庚	忌	
三殺	忌	亥卯未年月日時
陰府	忌	夏至後丙辛全、冬至後丙辛全
羅天大退	忌	戊己年
沖丁殺兼坤	忌	丙寅日
沖丁殺兼庚	忌	庚寅日
山方殺	忌	辛酉、戊辰、日、時
消滅殺兼坤	忌	冬至後忌庚子日春分忌庚午日、忌修造葬
消滅殺兼庚		大寒後忌丁卯日穀雨忌丁酉日、忌修造葬
曜殺	忌	乙卯、日時、忌修造葬
日流太歲	忌	己未日忌修造葬
星曜殺	忌	丙午丁巳日
文曲逢	忌	甲戌日、忌修造葬、金火填實
穿山羅睺	忌	乙庚年、水制
天燥火	忌	寅申時
地燥火	忌	巳亥時

<table>
<tr><th colspan="3">庚山</th></tr>
<tr><td rowspan="5">山運</td><td colspan="2">甲己年山運戊辰木．年月日時忌納音金剋，宜柱中納音火、水制</td></tr>
<tr><td colspan="2">乙庚年山運庚辰金．年月日時忌納音火剋，宜柱中納音水、土制</td></tr>
<tr><td colspan="2">丙辛年山運壬辰水．年月日時忌納音土剋，宜柱中納音木、金制</td></tr>
<tr><td colspan="2">丁壬年山運甲辰火．年月日時忌納音水剋，宜柱中納音土、木制</td></tr>
<tr><td colspan="2">戊癸年山運丙辰土．年月日時忌納音木剋，宜柱中納音金、火制</td></tr>
<tr><td>兼申</td><td>忌</td><td>寅年月日時</td></tr>
<tr><td>兼酉</td><td>忌</td><td>卯年月日時</td></tr>
<tr><td>三殺</td><td>忌</td><td>亥卯未年月日時</td></tr>
<tr><td>箭刃忌</td><td>忌</td><td>卯酉全</td></tr>
<tr><td>陰府</td><td>忌</td><td>夏至後戊癸全、冬至後戊癸全</td></tr>
<tr><td>馬前炙退</td><td>忌</td><td>寅午戌年</td></tr>
<tr><td>羅天大退</td><td>忌</td><td>壬癸年</td></tr>
<tr><td>沖丁殺兼申</td><td>忌</td><td>丙寅日</td></tr>
<tr><td>沖丁殺兼酉</td><td>忌</td><td>庚寅日</td></tr>
<tr><td>山方殺</td><td>忌</td><td>辛酉、戊辰、日、時</td></tr>
<tr><td rowspan="2">消滅殺</td><td rowspan="2">忌</td><td>大寒後忌丁卯、忌修造葬</td></tr>
<tr><td>穀雨後忌丁酉、忌修造葬</td></tr>
<tr><td>曜殺</td><td>忌</td><td>丁巳、日時、忌修造葬</td></tr>
<tr><td>日流太歲</td><td>忌</td><td>己酉日忌修造葬</td></tr>
<tr><td>星曜殺</td><td>忌</td><td>丙午丁巳日</td></tr>
<tr><td>文曲逢</td><td>忌</td><td>甲戌日、忌修造葬、金火填實</td></tr>
<tr><td>巡山羅睺</td><td>忌</td><td>申年、水制</td></tr>
<tr><td>天燥火</td><td>忌</td><td>辰戌時</td></tr>
<tr><td>地燥火</td><td>忌</td><td>丑未時</td></tr>
</table>

酉山		
山運	甲己年立春山運乙丑金・年月日時忌納音火剋，宜柱中納音水、土制	
	甲己年冬至山運丁丑水・年月日時忌納音土剋，宜柱中納音木、金制	
	乙庚年立春山運丁丑水・年月日時忌納音土剋，宜柱中納音木、金制	
	乙庚年冬至山運己丑火・年月日時忌納音水剋，宜柱中納音土、木制	
	丙辛年立春山運己丑火・年月日時忌納音水剋，宜柱中納音土、木制	
	丙辛年冬至山運辛丑土・年月日時忌納音木剋，宜柱中納音金、火制	
	丁壬年立春山運辛丑土・年月日時忌納音木剋，宜柱中納音金、火制	
	丁壬年冬至山運癸丑木・年月日時忌納音金剋，宜柱中納音火、水制	
	戊癸年立春山運癸丑木・年月日時忌納音金剋，宜柱中納音火、水制	
	戊癸年冬至山運乙丑金・年月日時忌納音火剋，宜柱中納音水、土制	
兼庚	忌	卯年月日時
兼辛	忌	
箭刃忌	忌	甲庚全
三殺	忌	亥卯未年月日時
陰府	忌	夏至後乙庚全、冬至後乙庚全
馬前炙退	忌	寅午戌年
沖丁殺兼庚	忌	丁卯日
沖丁殺兼辛	忌	辛卯日
山方殺	忌	戊辰、辛酉、日、時
羅天大退	忌	壬癸年
消滅殺	忌	雨水後忌甲辰日、忌修造葬
		小滿後忌壬戌日、忌修造葬
曜殺	忌	丁巳、日時、忌修造葬
坐山羅睺	忌	辰年、水制
日流太歲	忌	己酉日忌修造葬
星曜殺	忌	丙午、丁巳日
文曲逢	忌	甲戌日、忌修造葬、金火填實
天燥火	忌	寅申時
地燥火	忌	巳亥時

<table>
<tr><th colspan="3">辛山</th></tr>
<tr><td rowspan="5">山運</td><td colspan="2">甲己年山運戊辰木．年月日時忌納音金剋，宜柱中納音火、水制</td></tr>
<tr><td colspan="2">乙庚年山運庚辰金．年月日時忌納音火剋，宜柱中納音水、土制</td></tr>
<tr><td colspan="2">丙辛年山運壬辰水．年月日時忌納音土剋，宜柱中納音木、金制</td></tr>
<tr><td colspan="2">丁壬年山運甲辰火．年月日時忌納音水剋，宜柱中納音土、木制</td></tr>
<tr><td colspan="2">戊癸年山運丙辰土．年月日時忌納音木剋，宜柱中納音金、火制</td></tr>
<tr><td>兼酉</td><td>忌</td><td>卯年月日時</td></tr>
<tr><td>兼戌</td><td>忌</td><td>辰年月日時</td></tr>
<tr><td>三殺</td><td>忌</td><td>亥卯未年月日時</td></tr>
<tr><td>箭刃忌</td><td>忌</td><td>辰戌全</td></tr>
<tr><td>陰府</td><td>忌</td><td>夏至後甲己全、冬至後甲己全</td></tr>
<tr><td>馬前炙退</td><td>忌</td><td>寅午戌年</td></tr>
<tr><td>羅天大退</td><td>忌</td><td>壬癸年</td></tr>
<tr><td>沖丁殺兼酉</td><td>忌</td><td>丁卯日</td></tr>
<tr><td>沖丁殺兼戌</td><td>忌</td><td>辛卯日</td></tr>
<tr><td>山方殺</td><td>忌</td><td>辛酉、戊辰、日、時</td></tr>
<tr><td rowspan="2">消滅殺</td><td rowspan="2">忌</td><td>霜降後忌丙子日、忌修造葬</td></tr>
<tr><td>大暑後忌丙午日、忌修造葬</td></tr>
<tr><td>曜殺</td><td>忌</td><td>丁巳、日時、忌修造葬</td></tr>
<tr><td>日流太歲</td><td>忌</td><td>己酉日忌修造葬</td></tr>
<tr><td>星曜殺</td><td>忌</td><td>丙午丁巳日</td></tr>
<tr><td>文曲兼酉</td><td rowspan="2">忌</td><td>甲戌日、忌修造葬、金火填實</td></tr>
<tr><td>文曲兼戌</td><td>甲子日、忌修造葬、金火填實</td></tr>
<tr><td>巡山羅睺</td><td>忌</td><td>酉年、水制</td></tr>
<tr><td>天燥火</td><td>忌</td><td>巳亥時</td></tr>
<tr><td>地燥火</td><td>忌</td><td>寅申時</td></tr>
</table>

<table>
<tr><th colspan="3">戌山</th></tr>
<tr><td rowspan="5">山運</td><td colspan="2">甲己年山運戊辰木．年月日時忌納音金剋，宜柱中納音火、水制</td></tr>
<tr><td colspan="2">乙庚年山運庚辰金．年月日時忌納音火剋，宜柱中納音水、土制</td></tr>
<tr><td colspan="2">丙辛年山運壬辰水．年月日時忌納音土剋，宜柱中納音木、金制</td></tr>
<tr><td colspan="2">丁壬年山運甲辰火．年月日時忌納音水剋，宜柱中納音土、木制</td></tr>
<tr><td colspan="2">戊癸年山運丙辰土．年月日時忌納音木剋，宜柱中納音金、火制</td></tr>
<tr><td>兼辛</td><td>忌</td><td rowspan="2">辰年月日時</td></tr>
<tr><td>兼乾</td><td>忌</td></tr>
<tr><td>三殺</td><td>忌</td><td>亥卯未年月日時</td></tr>
<tr><td>箭射忌</td><td>忌</td><td>乙辛全</td></tr>
<tr><td>陰府</td><td>忌</td><td>夏至後丁壬全、冬至後丁壬全</td></tr>
<tr><td>沖丁殺兼辛</td><td>忌</td><td>丙辰日</td></tr>
<tr><td>沖丁殺兼乾</td><td>忌</td><td>庚辰日</td></tr>
<tr><td>山方殺</td><td>忌</td><td>丙寅、己亥、日、時</td></tr>
<tr><td>消滅殺兼辛</td><td rowspan="2">忌</td><td>霜降後忌丙子日大暑忌丙午日、忌修造葬</td></tr>
<tr><td>消滅殺兼乾</td><td>夏至後忌辛丑日秋分忌辛未日、忌修造葬</td></tr>
<tr><td>曜殺</td><td>忌</td><td>壬午、日時、忌修造葬</td></tr>
<tr><td>日流太歲</td><td>忌</td><td>戊戌日忌修造葬</td></tr>
<tr><td>星曜殺</td><td>忌</td><td>甲寅乙卯日</td></tr>
<tr><td>文曲逢</td><td>忌</td><td>甲子日、忌修造葬、金火填實</td></tr>
<tr><td>穿山羅睺</td><td>忌</td><td>甲己年、水制</td></tr>
<tr><td>天燥火</td><td>忌</td><td>丑未時</td></tr>
<tr><td>地燥火</td><td>忌</td><td>辰戌時</td></tr>
</table>

乾山		
山運	甲己年立春山運乙丑金・年月日時忌納音火剋，宜柱中納音水、土制	
	甲己年冬至山運丁丑水・年月日時忌納音土剋，宜柱中納音木、金制	
	乙庚年立春山運丁丑水・年月日時忌納音土剋，宜柱中納音木、金制	
	乙庚年冬至山運己丑火・年月日時忌納音水剋，宜柱中納音土、木制	
	丙辛年立春山運己丑火・年月日時忌納音水剋，宜柱中納音土、木制	
	丙辛年冬至山運辛丑土・年月日時忌納音木剋，宜柱中納音金、火制	
	丁壬年立春山運辛丑土・年月日時忌納音木剋，宜柱中納音金、火制	
	丁壬年冬至山運癸丑木・年月日時忌納音金剋，宜柱中納音火、水制	
	戊癸年立春山運癸丑木・年月日時忌納音金剋，宜柱中納音火、水制	
	戊癸年冬至山運乙丑金・年月日時忌納音火剋，宜柱中納音水、土制	
兼戌	忌	辰年月日時
兼亥		巳年月日時
箭刃忌	忌	巳亥全
三殺兼戌	忌	亥卯未年月日時、兼亥寅午戌年月日時
陰府	忌	夏至後丁壬、冬至後乙庚
沖丁殺兼戌	忌	丙辰日
沖丁殺兼亥	忌	庚辰日
山方殺	忌	丙寅、己亥、日、時
消滅殺	忌	夏至後忌辛丑日、忌修造葬
		秋分後忌辛未日、忌修造葬
曜殺	忌	壬午、日時、忌修造葬
巡山羅睺	忌	戌年、水制
坐山羅睺	忌	亥子年、水制
日流太歲	忌	戊戌日忌修造葬
星曜殺	忌	丙午、丁巳日
文曲逢	忌	甲子日、忌修造葬、金火填實
天燥火	忌	辰戌時
地燥火	忌	丑未時

<table>
<tr><th colspan="3">亥山</th></tr>
<tr><td rowspan="10">山運</td><td colspan="2">甲己年立春山運乙丑金・年月日時忌納音火剋，宜柱中納音水、土制</td></tr>
<tr><td colspan="2">甲己年冬至山運丁丑水・年月日時忌納音土剋，宜柱中納音木、金制</td></tr>
<tr><td colspan="2">乙庚年立春山運丁丑水・年月日時忌納音土剋，宜柱中納音木、金制</td></tr>
<tr><td colspan="2">乙庚年冬至山運己丑火・年月日時忌納音水剋，宜柱中納音土、木制</td></tr>
<tr><td colspan="2">丙辛年立春山運己丑火・年月日時忌納音水剋，宜柱中納音土、木制</td></tr>
<tr><td colspan="2">丙辛年冬至山運辛丑土・年月日時忌納音木剋，宜柱中納音金、火制</td></tr>
<tr><td colspan="2">丁壬年立春山運辛丑土・年月日時忌納音木剋，宜柱中納音金、火制</td></tr>
<tr><td colspan="2">丁壬年冬至山運癸丑木・年月日時忌納音金剋，宜柱中納音火、水制</td></tr>
<tr><td colspan="2">戊癸年立春山運癸丑木・年月日時忌納音金剋，宜柱中納音火、水制</td></tr>
<tr><td colspan="2">戊癸年冬至山運乙丑金・年月日時忌納音火剋，宜柱中納音水、土制</td></tr>
<tr><td>兼乾</td><td rowspan="2">忌</td><td rowspan="2">巳年月日時</td></tr>
<tr><td>兼壬</td></tr>
<tr><td>三殺</td><td>忌</td><td>寅午戌年月日時</td></tr>
<tr><td>陰府</td><td>忌</td><td>夏至後戊癸全、冬至後戊癸全</td></tr>
<tr><td>沖丁殺兼乾</td><td>忌</td><td>丁巳日</td></tr>
<tr><td>沖丁殺兼壬</td><td>忌</td><td>辛巳日</td></tr>
<tr><td>山方殺</td><td>忌</td><td>丙寅、己亥、日、時</td></tr>
<tr><td rowspan="2">消滅殺兼乾</td><td rowspan="2">忌</td><td>夏至後忌辛丑日、忌修造葬</td></tr>
<tr><td>秋分後忌辛未日、忌修造葬</td></tr>
<tr><td>曜殺</td><td>忌</td><td>壬午、日時、忌修造葬</td></tr>
<tr><td>日流太歲</td><td>忌</td><td>戊戌日忌修造葬</td></tr>
<tr><td rowspan="2">星曜殺</td><td rowspan="2">忌</td><td>戊辰、戊戌日</td></tr>
<tr><td>己丑、己未日</td></tr>
<tr><td>文曲逢</td><td>忌</td><td>甲子日、忌修造葬、金火填實</td></tr>
<tr><td>天燥火</td><td>忌</td><td>子午時</td></tr>
<tr><td>地燥火</td><td>忌</td><td>卯酉時</td></tr>
</table>

第三節　擇日時必須參考的共用資料、用時吉凶篇【表C】

在選用時辰時當然以選用○多一點的時辰為原則：

日		時		
甲	子	甲	子	○金匱○大進▲日建
		乙	丑	○羅紋交貴○六合
		丙	寅	○喜神○日祿▲天兵
		丁	卯	○天赦○玉堂○少微
		戊	辰	○三合▲天牢▲六戊
		己	巳	○進貴▲大退▲元武
		庚	午	▲大凶
		辛	未	○乙貴○右弼▲勾陳
		壬	申	○三合▲天賊▲路空
		癸	酉	○官貴○明堂▲路空
		甲	戌	○國印▲天刑▲旬空
		乙	亥	○長生○進貴▲旬空
甲	寅	甲	子	○大進○青龍○進祿
		乙	丑	○明堂○乙貴○右弼
		丙	寅	○喜神○日祿▲天兵
		丁	卯	○天赦○帝旺▲朱雀
		戊	辰	○金匱▲雷兵▲六戊
		己	巳	○寶光▲大退▲日刑
		庚	午	○三合▲白虎▲地兵
		辛	未	○羅紋交貴○玉堂
		壬	申	▲大凶

		癸	酉	○官貴○唐符▲路空
		甲	戌	○三合○司令○進祿
		乙	亥	○六合○長生▲勾陳
甲	辰	甲	子	○三合○大進▲天牢
		乙	丑	○乙貴○太陰▲元武
		丙	寅	○福貴○日祿▲天兵
		丁	卯	○天赦○帝旺▲勾陳
		戊	辰	○青龍▲雷兵▲六戊
		己	巳	○明堂○五合▲大退
		庚	午	○貪狼▲天刑▲地兵
		辛	未	○官貴○乙貴▲朱雀
		壬	申	○三合○金匱▲路空
		癸	酉	○六合○寶光▲路空
		甲	戌	▲大凶
		乙	亥	○六甲○長生○玉堂
甲	午	甲	子	▲大凶
		乙	丑	○天德○乙貴○寶光
		丙	寅	○喜神○司令▲天兵
		丁	卯	○玉堂○天赦○帝旺
		戊	辰	○武曲▲雷兵▲六戊
		己	巳	○進祿▲大退▲狗食
		庚	午	○司命▲不遇▲地兵
		辛	未	○羅紋交貴▲勾陳
		壬	申	○青龍○日馬▲路空
		癸	酉	○官貴○明堂▲路空

		甲	戌	○三合○右弼▲天刑
		乙	亥	○長生○左輔▲朱雀
甲	申	甲	子	○三合○大進○青龍
		乙	丑	○羅紋交貴○明堂
		丙	寅	▲大凶
		丁	卯	○天赦○帝旺○傳送
		戊	辰	○三合財局▲六戊
		己	巳	○天地合格○寶光
		庚	午	○進祿▲不遇▲地兵
		辛	未	○玉堂○乙貴▲狗食
		壬	申	○長生▲天賊▲路空
		癸	酉	○官貴▲元武▲路空
		甲	戌	○司命○黃道○國印
		乙	亥	○六甲○長生○進貴
甲	戌	甲	子	○大進○福德▲天牢
		乙	丑	○乙貴▲日刑▲元武
		丙	寅	○喜神○日祿▲天兵
		丁	卯	○六合○天赦○帝旺
		戊	辰	▲大凶
		己	巳	○明堂○傳送▲大退
		庚	午	○三合▲不遇▲地兵
		辛	未	○乙貴▲日刑▲朱雀
		壬	申	○金匱▲天兵▲路空
		癸	酉	○官貴○寶光▲路空
		甲	戌	○武曲▲白虎▲日建

		乙	亥	○長生○玉堂○功曹
乙	丑	丙	子	○乙貴○六合▲天兵
		丁	丑	○福星○天赦▲朱雀
		戊	寅	○進貴○金匱▲六戊
		己	卯	○大進○天德○日祿
		庚	辰	○進貴▲白虎▲地兵
		辛	巳	○三合○玉堂▲不遇
		壬	午	○長生▲天牢▲路空
		癸	未	▲大凶
		甲	申	○羅紋交貴▲大退
		乙	酉	○三合○比肩▲勾陳
		丙	戌	○喜神○青龍▲天兵
		丁	亥	○福貴○天赦○明堂
乙	卯	丙	子	○司命○乙貴▲天兵
		丁	丑	○天赦○福貴▲勾陳
		戊	寅	○青龍▲雷兵▲六戊
		己	卯	○大進○日祿○明堂
		庚	辰	○武曲▲天刑▲地兵
		辛	巳	○日馬○少微▲朱雀
		壬	午	○長生○金匱▲路空
		癸	未	○三合○寶光▲路空
		甲	申	○乙貴▲白虎▲大退
		乙	酉	▲大凶
		丙	戌	○六合○喜神▲天兵
		丁	亥	○天赦○三合○福貴

乙	巳	丙	子	○祿貴交馳▲天兵
		丁	丑	○三合○天赦○玉堂
		戊	寅	○進祿▲雷兵▲六戊
		己	卯	○日祿○大進▲元武
		庚	辰	○司命▲狗食▲地兵
		辛	巳	○少微○左輔▲勾陳
		壬	午	○青龍○長生▲路空
		癸	未	○明堂○進貴▲路空
		甲	申	○六合○乙貴▲天賊
		乙	酉	○三合○太陽▲朱雀
		丙	戌	○喜神○金匱▲天兵
		丁	亥	▲大凶
乙	未	丙	子	○喜神○乙貴▲天兵
		丁	丑	▲大凶
		戊	寅	○金匱○進貴▲六戊
		己	卯	○三合○大進○日祿
		庚	辰	○進貴▲白虎▲地兵
		辛	巳	○日馬○玉堂▲不遇
		壬	午	○六合○長生▲路空
		癸	未	○右弼▲元武▲路空
		甲	申	○羅紋交貴○司命
		乙	酉	○太陽○比肩▲勾陳
		丙	戌	○喜神○青龍▲天兵
		丁	亥	○三合○明堂○福貴
乙	酉	丙	子	○羅紋交貴▲天兵

		丁	丑	○三合○進貴○福貴
		戊	寅	○青龍▲雷兵▲六戊
		己	卯	▲大凶
		庚	辰	○天地會合▲地兵
		辛	巳	○三合▲朱雀▲不遇
		壬	午	○金匱○長生▲路空
		癸	未	○天德○寶光▲路空
		甲	申	○官貴○乙貴▲白虎
		乙	酉	○玉堂○少微▲建刑
		丙	戌	○喜神○進貴▲天兵
		丁	亥	○福貴○天赦▲元武
乙	亥	丙	子	○喜神○乙貴▲天兵
		丁	丑	○玉堂○福貴○天赦
		戊	寅	○六合▲天牢▲六戊
		己	卯	○三合○大進○日祿
		庚	辰	○司命○功曹▲地兵
		辛	巳	▲大凶
		壬	午	○長生○青龍▲路空
		癸	未	○三合○明堂▲路空
		甲	申	○乙貴▲大退▲天賊
		乙	酉	○太陽○比肩▲朱雀
		丙	戌	○喜神○金匱▲天兵
		丁	亥	○福貴○天赦○寶光
丙	子	戊	子	○福貴○金匱▲六戊
		己	丑	○六合○寶光○進貴

		庚	寅	○長生○日馬▲地兵
		辛	卯	○玉堂○少微▲日刑
		壬	辰	○三合○不遇▲路空
		癸	巳	○日祿○進祿▲路空
		甲	午	▲大凶
		乙	未	○進貴▲勾陳▲日煞
		丙	申	○三合○青龍○喜神
		丁	酉	○明堂○乙貴○天赦
		戊	戌	○福貴▲天刑▲六戊
		己	亥	○羅紋交貴▲朱雀
丙	寅	戊	子	○官貴○青龍▲六戊
		己	丑	○明堂○右弼▲狗食
		庚	寅	○長生▲天刑▲地兵
		辛	卯	○進貴○功曹▲朱雀
		壬	辰	○金匱▲不遇▲路空
		癸	巳	○日祿○寶光▲路空
		甲	午	○三合○生旺○大進
		乙	未	○玉堂○少微○武曲
		丙	申	▲大凶
		丁	酉	○天赦○乙貴▲玄武
		戊	戌	○三合○司命▲六戊
		己	亥	○乙貴○六合▲勾陳
丙	辰	戊	子	○三合○福貴▲六戊
		己	丑	○國印▲元武▲旬空
		庚	寅	○長生○司命▲地兵

		辛	卯	○幹合▲勾陳▲日害
		壬	辰	○青龍▲建刑▲路空
		癸	巳	○日祿○明堂▲路空
		甲	午	○大進○帝旺▲天刑
		乙	未	○少微○右弼▲朱雀
		丙	申	○喜神○金匱▲天兵
		丁	酉	○天赦○乙貴○寶光
		戊	戌	▲大凶
		己	亥	○玉堂○乙貴▲大退
丙	午	戊	子	▲大凶
		己	丑	○寶光○天德○進祿
		庚	寅	○三合○長生▲地兵
		辛	卯	○玉堂○進貴○少微
		壬	辰	○武曲▲不遇▲路空
		癸	巳	○日祿○金星▲路空
		甲	午	○大進○司命○帝旺
		乙	未	○六合○長生▲勾陳
		丙	申	○喜神○青龍▲天兵
		丁	酉	○明堂○乙貴○天赦
		戊	戌	○三合○福貴▲六戊
		己	亥	○祿貴交馳▲朱雀
丙	申	戊	子	○福星○青龍▲六戊
		己	丑	○明堂○進貴○右弼
		庚	寅	▲大凶
		辛	卯	○紫微○貪狼▲朱雀

		壬	辰	○三合○金匱▲路空
		癸	巳	○寶光○日祿▲路空
		甲	午	○大進○武曲▲白虎
		乙	未	○玉堂○進貴▲狗食
		丙	申	○喜神▲天兵▲天牢
		丁	酉	○天赦○乙貴▲元武
		戊	戌	○司命○福貴▲六戊
		己	亥	○羅紋交貴▲大退
丙	戌	戊	子	○官貴○福貴▲六戊
		己	丑	○太陰▲元武▲日刑
		庚	寅	○三合○司命▲地兵
		辛	卯	○天地合局▲勾陳
		壬	辰	▲大凶
		癸	巳	○明堂○日祿▲路空
		甲	午	○三合○大進○帝旺
		乙	未	○少微▲朱雀▲日刑
		丙	申	○喜神○金匱▲天兵
		丁	酉	○寶光○乙貴○天赦
		戊	戌	○福貴○武曲▲六戊
		己	亥	○玉堂○乙貴▲大退
丁	丑	庚	子	○六合○進貴▲地兵
		辛	丑	○唐符▲朱雀▲日建
		壬	寅	○金匱▲大退▲路空
		癸	卯	○天德○寶光▲路空
		甲	辰	○進貴▲日煞▲白虎

		乙	巳	○三合○玉堂○帝旺
		丙	午	○喜神○日祿▲天兵
		丁	未	▲大凶
		戊	申	○司命○進貴▲六戊
		己	酉	○三合○大進○福貴
		庚	戌	○青龍○進貴▲地兵
		辛	亥	○乙貴○明堂○官貴
丁	卯	庚	子	○司命▲日刑▲地兵
		辛	丑	○唐符○武曲▲勾陳
		壬	寅	○青龍▲大退▲路空
		癸	卯	○明堂○進貴▲路空
		甲	辰	○武曲▲不遇▲天刑
		乙	巳	○進祿○日馬▲朱雀
		丙	午	○喜神○日祿▲天兵
		丁	未	○三合○寶光○天赦
		戊	申	○功曹▲白虎▲六戊
		己	酉	▲大凶
		庚	戌	○六合▲天牢▲地兵
		辛	亥	○三合○乙貴▲元武
丁	巳	庚	子	○貪狼▲白虎▲地兵
		辛	丑	○三合○玉堂○少微
		壬	寅	○進貴▲大退▲路空
		癸	卯	○進寶▲元武▲路空
		甲	辰	○司命○傳送○右弼
		乙	巳	○帝旺○左輔▲勾陳

		丙	午	○喜神○日祿▲天兵
		丁	未	○天赦○明堂○武曲
		戊	申	○六合○進祿▲六戊
		己	酉	○乙貴○三合○大進
		庚	戌	○金匱○福德▲地兵
		辛	亥	▲大凶
丁	未	庚	子	○進貴▲天刑▲地兵
		辛	丑	▲大凶
		壬	寅	○金匱○臨官▲路空
		癸	卯	○三合○寶光▲路空
		甲	辰	○進貴▲不遇▲白虎
		乙	巳	○日馬○帝旺○玉堂
		丙	午	○喜神○日祿▲天兵
		丁	未	○同類○右弼▲元武
		戊	申	○司命○進貴▲六戊
		己	酉	○大進○乙貴○福貴
		庚	戌	○青龍○進貴▲地兵
		辛	亥	○乙貴○三合○明堂
丁	酉	庚	子	○司命○鳳輦▲地兵
		辛	丑	○三合○進祿▲勾陳
		壬	寅	○青龍▲大退▲路空
		癸	卯	▲大凶
		甲	辰	○六合○武曲▲天刑
		乙	巳	○三合○生旺▲朱雀
		丙	午	○喜神○祿貴▲天兵

		丁	未	○天赦○進貴○寶光
		戊	申	○太陽▲白虎▲六戊
		己	酉	○大進○玉堂○乙貴
		庚	戌	○右弼▲天牢▲地兵
		辛	亥	○官貴○乙貴▲元武
丁	亥	庚	子	○貪狼▲白虎▲地兵
		辛	丑	○玉堂○唐符○少微
		壬	寅	○天地會合▲路空
		癸	卯	○三合▲元武▲路空
		甲	辰	○司命○功曹○右弼
		乙	巳	▲大凶
		丙	午	○祿貴交馳▲天兵
		丁	未	○三合○天赦○明堂
		戊	申	○太陽▲天刑▲六戊
		己	酉	○大進○乙貴○福星
		庚	戌	○金匱○福德▲地兵
		辛	亥	○官貴○乙貴○寶光
戊	子	壬	子	○大進○金匱▲路空
		癸	丑	○六合○乙貴▲路空
		甲	寅	○長生○日馬▲不遇
		乙	卯	○玉堂○官貴○進貴
		丙	辰	○三合○喜神▲天兵
		丁	巳	○天赦○日祿▲元武
		戊	午	▲大凶
		己	未	○羅紋交貴▲勾陳

		庚	申	○三合○青龍▲地兵
		辛	酉	○明堂○貪狼▲天賊
		壬	戌	○右弼▲天刑▲路空
		癸	亥	○左輔▲朱雀▲路空
戊	寅	壬	子	○大進○青龍▲路空
		癸	丑	○明堂○乙貴▲路空
		甲	寅	○長生○進祿▲天刑
		乙	卯	○官貴○貪狼▲朱雀
		丙	辰	○喜神○金匱▲天兵
		丁	巳	○日祿○天赦○寶光
		戊	午	○三合○帝旺▲六戊
		己	未	○乙貴○玉堂○少微
		庚	申	▲大凶
		辛	酉	○進貴▲天賊▲元武
		壬	戌	○三合○司命▲路空
		癸	亥	○天地會合▲路空
戊	辰	壬	子	○三合○大進▲路空
		癸	丑	○乙貴▲元武▲路空
		甲	寅	○長生○司命▲不遇
		乙	卯	○官貴○太陽▲勾陳
		丙	辰	○喜神○青龍▲天兵
		丁	巳	○明堂○天赦○日祿
		戊	午	○貪狼○太陰▲六戊
		己	未	○右弼○乙貴▲朱雀
		庚	申	○三合○金匱▲地兵

		辛	酉	○六合○寶光○天德
		壬	戌	▲大凶
		癸	亥	○玉堂▲路空▲旬空
戊	午	壬	子	▲大凶
		癸	丑	○寶光○乙貴▲路空
		甲	寅	○三合○生旺▲白虎
		乙	卯	○玉堂○官貴○少微
		丙	辰	○喜神○武曲▲天兵
		丁	巳	○日祿○天赦▲元武
		戊	午	○司命○帝旺▲六戊
		己	未	○祿貴交馳▲勾陳
		庚	申	○青龍○福星▲地兵
		辛	酉	○明堂○貪狼○進貴
		壬	戌	○三合財局▲路空
		癸	亥	○少微▲朱雀▲路空
戊	申	壬	子	○大進○青龍▲路空
		癸	丑	○明堂○乙貴▲路空
		甲	寅	▲大凶
		乙	卯	○官貴○進貴▲朱雀
		丙	辰	○喜神○金匱▲天兵
		丁	巳	○六合○日祿○寶光
		戊	午	○帝旺▲白虎▲六戊
		己	未	○羅紋交貴○玉堂
		庚	申	○福貴○進祿▲地兵
		辛	酉	○功曹▲元武▲五鬼

		壬	戌	○司命○鳳輦▲路空
		癸	亥	○少微▲勾陳▲路空
戊	戌	壬	子	○大進▲天牢▲路空
		癸	丑	○乙貴▲元武▲路空
		甲	寅	○三合○司命▲不遇
		乙	卯	○官貴○六合▲勾陳
		丙	辰	▲大凶
		丁	巳	○明堂○日祿○天赦
		戊	午	○三合○帝旺▲六戊
		己	未	○乙貴○右弼▲朱雀
		庚	申	○金匱○福貴▲地兵
		辛	酉	○天德○寶光▲天賊
		壬	戌	○武曲▲白虎▲路空
		癸	亥	○玉堂○少微▲路空
己	丑	甲	子	○羅紋合貴○大進
		乙	丑	○唐符▲不遇▲朱雀
		丙	寅	○喜神○金匱▲天兵
		丁	卯	○天赦○寶光○天德
		戊	辰	○時居日貴▲六戊
		己	巳	○三合○玉堂○帝旺
		庚	午	○祿貴交馳▲地兵
		辛	未	▲大凶
		壬	申	○司命○乙貴▲路空
		癸	酉	○三合○長生▲路空
		甲	戌	○青龍○進貴▲日刑

		乙	亥	○明堂○日馬▲不遇
己	卯	甲	子	○大進○乙貴○司命
		乙	丑	○武曲▲勾陳▲不遇
		丙	寅	○喜神○青龍▲天兵
		丁	卯	○天赦○明堂▲日建
		戊	辰	○武曲▲天刑▲六戊
		己	巳	○日馬▲朱雀▲大退
		庚	午	○金匱○日祿▲地兵
		辛	未	○三合○寶光○福星
		壬	申	○羅紋交貴▲路空
		癸	酉	▲大凶
		甲	戌	○天地合局▲天牢
		乙	亥	○三合○進祿▲不遇
己	巳	甲	子	○大進○乙貴▲白虎
		乙	丑	○三合○玉堂▲不遇
		丙	寅	○喜神○官貴▲天兵
		丁	卯	○天赦○貪狼▲元武
		戊	辰	○司命▲雷兵▲六戊
		己	巳	○帝旺▲勾陳▲大退
		庚	午	○青龍○日祿▲地兵
		辛	未	○明堂○福貴○武曲
		壬	申	○羅紋交貴▲路空
		癸	酉	○三合○長生▲路空
		甲	戌	○金匱○福德▲旬空
		乙	亥	▲大凶

己	未	甲	子	○羅紋合貴○大進
		乙	丑	▲大凶
		丙	寅	○喜神○金匱▲天兵
		丁	卯	○三合○寶光○天赦
		戊	辰	○進貴▲白虎▲六戊
		己	巳	○帝旺○玉堂▲大退
		庚	午	○祿貴交馳▲地兵
		辛	未	○福貴○右弼▲元武
		壬	申	○司命○乙貴▲路空
		癸	酉	○長生▲勾陳▲路空
		甲	戌	○青龍○進貴▲日刑
		乙	亥	○三合○明堂▲不遇
己	酉	甲	子	○大進○乙貴○司命
		乙	丑	○三合○唐符▲不遇
		丙	寅	○喜神○青龍▲天兵
		丁	卯	▲大凶
		戊	辰	○六合▲雷兵▲六戊
		己	巳	○三合○生旺▲朱雀
		庚	午	○金匱○日祿▲地兵
		辛	未	○福貴○寶光○進祿
		壬	申	○乙貴▲路空▲白虎
		癸	酉	○長生○玉堂▲路空
		甲	戌	○右弼○太陰▲天牢
		乙	亥	○馬元▲不遇▲元武
己	亥	甲	子	○大進○乙貴▲白虎

		乙	丑	○玉堂○少微▲不遇
		丙	寅	○喜神○進祿▲天兵
		丁	卯	○三合○進貴○天赦
		戊	辰	○司命▲雷兵▲六戊
		己	巳	▲大凶
		庚	午	○青龍○日祿▲地兵
		辛	未	○三合○明堂○福貴
		壬	申	○祿貴交馳▲路空
		癸	酉	○長生▲朱雀▲路空
		甲	戌	○金匱○福德▲狗食
		乙	亥	○天德○寶光▲建刑
庚	子	丙	子	○金匱○喜神▲天兵
		丁	丑	○天赦○乙貴○寶光
		戊	寅	○日馬▲白虎▲六戊
		己	卯	○大進○玉堂○進貴
		庚	辰	○三合▲天牢▲地兵
		辛	巳	○長生○太陰▲元武
		壬	午	▲大凶
		癸	未	○乙貴○進祿▲路空
		甲	申	○三合○日祿○青龍
		乙	酉	○明堂○帝旺○進貴
		丙	戌	○喜神▲不遇▲天刑
		丁	亥	○天赦○左輔▲朱雀
庚	寅	丙	子	○喜神○青龍▲天兵
		丁	丑	○天赦○乙貴○明堂

		戊	寅	○長生▲雷兵▲六戊
		己	卯	○胞胎逢印○大進
		庚	辰	○金匱○福德▲地兵
		辛	巳	○長生○寶光○進貴
		壬	午	○三合○福貴▲路空
		癸	未	○玉堂○乙貴▲路空
		甲	申	▲大凶
		乙	酉	○帝旺○金星▲元武
		丙	戌	○喜神○司命▲天兵
		丁	亥	○天赦○六合▲勾陳
庚	辰	丙	子	○三合○喜神▲天兵
		丁	丑	○天赦○乙貴▲元武
		戊	寅	○司命○日馬▲六戊
		己	卯	○胞胎逢印○大進
		庚	辰	○青龍▲日建▲地兵
		辛	巳	○長生○明堂○功曹
		壬	午	○福貴○官貴▲路空
		癸	未	○乙貴▲朱雀▲路空
		甲	申	○日祿○三合○金匱
		乙	酉	○六合○天德○寶光
		丙	戌	▲大凶
		丁	亥	○天赦○玉堂○傳送
庚	午	丙	子	▲大凶
		丁	丑	○祿貴交馳○天德
		戊	寅	○三合○生旺▲六戊

		己	卯	○玉堂○大進▲天賊
		庚	辰	○武曲▲天牢▲地兵
		辛	巳	○長生○進貴▲元武
		壬	午	○司命○福星▲路空
		癸	未	○六合○乙貴▲路空
		甲	申	○青龍○日祿○日馬
		乙	酉	○明堂○帝旺○貪狼
		丙	戌	○三合○喜神▲天兵
		丁	亥	○天赦○進祿▲朱雀
庚	申	丙	子	○三合○青龍▲天兵
		丁	丑	○明堂○乙貴○天赦
		戊	寅	▲大凶
		己	卯	○大進○進貴▲天賊
		庚	辰	○三合○金匱▲地兵
		辛	巳	○六合○長生○寶光
		壬	午	○福貴○官貴▲路空
		癸	未	○玉堂○乙貴▲路空
		甲	申	○日祿○太陽▲天牢
		乙	酉	○帝旺○進貴▲元武
		丙	戌	○喜神○司命▲天兵
		丁	亥	○天赦○水星▲勾陳
庚	戌	丙	子	○喜神▲天牢▲天兵
		丁	丑	○天赦○乙貴▲元武
		戊	寅	○三合○司命▲六戊
		己	卯	○六合○大進▲勾陳

		庚	辰	▲大凶
		辛	巳	○長生○明堂○傳送
		壬	午	○福貴○官貴▲路空
		癸	未	○乙貴▲朱雀▲路空
		甲	申	○金匱○日祿○馬元
		乙	酉	○天德○寶光○帝旺
		丙	戌	○喜神▲白虎▲天兵
		丁	亥	○玉堂○天赦○少微
辛	丑	戊	子	○長生○進貴▲六戊
		己	丑	○太陰▲日建▲朱雀
		庚	寅	○羅紋交貴▲地兵
		辛	卯	○天德○寶光○比肩
		壬	辰	○唐符▲白虎▲路空
		癸	巳	○三合○福貴▲路空
		甲	午	○羅紋交貴○大進
		乙	未	▲大凶
		丙	申	○喜神○司命▲天兵
		丁	酉	○天赦○日祿○三合
		戊	戌	○青龍○進貴▲雷兵
		己	亥	○明堂○日馬▲大退
辛	卯	戊	子	○司命▲雷兵▲六戊
		己	丑	○武曲○太陰▲勾陳
		庚	寅	○青龍○乙貴▲地兵
		辛	卯	○同類相資○明堂
		壬	辰	○進貴▲天刑▲路空

		癸	巳	○福星▲朱雀▲路空
		甲	午	○大進○乙貴○金匱
		乙	未	○三合財局○寶光
		丙	申	○喜神▲白虎▲天兵
		丁	酉	▲大凶
		戊	戌	○六合▲天牢▲六戊
		己	亥	○三合▲元武▲大退
辛	巳	戊	子	○長生▲白虎▲六戊
		己	丑	○三合○玉堂○少微
		庚	寅	○乙貴▲天牢▲地兵
		辛	卯	○貪狼▲天賊▲元武
		壬	辰	○司命○進貴▲路空
		癸	巳	○進貴○福貴▲路空
		甲	午	○大進○乙貴○青龍
		乙	未	○明堂○武曲○左輔
		丙	申	○六合○喜神▲天兵
		丁	酉	○三合○日祿○天赦
		戊	戌	○金匱▲雷兵▲六戊
		己	亥	▲大凶
辛	未	戊	子	○長生○進貴▲六戊
		己	丑	▲大凶
		庚	寅	○羅紋交貴▲地兵
		辛	卯	○三合○寶光○天德
		壬	辰	○唐符▲白虎▲路空
		癸	巳	○福貴○玉堂▲路空

		甲	午	○六合○大進○乙貴
		乙	未	○右弼▲日建▲元武
		丙	申	○喜神○司命▲天兵
		丁	酉	○天赦○日祿▲不遇
		戊	戌	○青龍▲六戊▲雷兵
		己	亥	○三合○明堂▲旬空
辛	酉	戊	子	○司命○長生▲六戊
		己	丑	○三合○武曲▲勾陳
		庚	寅	○青龍○乙貴▲地兵
		辛	卯	▲大凶
		壬	辰	○六合▲天刑▲路空
		癸	巳	○三合○福貴▲路空
		甲	午	○大進○乙貴○金匱
		乙	未	○天德○寶光▲土星
		丙	申	○喜神○進貴▲天兵
		丁	酉	○祿貴交馳○天赦
		戊	戌	○太陰○右弼▲六戊
		己	亥	○日馬▲元武▲大退
辛	亥	戊	子	○長生▲白虎▲六戊
		己	丑	○玉堂○少微▲五鬼
		庚	寅	○六合○乙貴▲地兵
		辛	卯	○三合▲元武▲天賊
		壬	辰	○司命○進祿▲路空
		癸	巳	▲大凶
		甲	午	○大進○乙貴○青龍

		乙	未	○三合○明堂○武曲
		丙	申	○喜神○帝旺▲天兵
		丁	酉	○天赦○日祿○進貴
		戊	戌	○金匱▲雷兵▲六戊
		己	亥	○天德○寶光▲大退
壬	子	庚	子	○金匱○帝旺▲地兵
		辛	丑	○六合○天德○寶光
		壬	寅	○六壬趨艮▲路空
		癸	卯	○祿貴交馳▲路空
		甲	辰	○三合○福貴○武曲
		乙	巳	○羅紋交貴▲天賊
		丙	午	▲大凶
		丁	未	○天赦○官貴▲勾陳
		戊	申	○三合○青龍▲六戊
		己	酉	○大進○進貴○明堂
		庚	戌	○右弼▲天刑▲地兵
		辛	亥	○日祿居時▲朱雀
壬	寅	庚	子	○青龍○貪狼▲地兵
		辛	丑	○明堂○官貴○進貴
		壬	寅	○六壬趨艮▲路空
		癸	卯	○乙貴○貪狼▲路空
		甲	辰	○金匱○福貴○進祿
		乙	巳	○天德○寶光○乙貴
		丙	午	○喜神○三合▲天兵
		丁	未	○玉堂○官貴○天赦

		戊	申	▲大凶
		己	酉	○大進○傳送▲元武
		庚	戌	○三合○司命▲地兵
		辛	亥	○祿貴○交馳○六合
壬	辰	庚	子	○三合▲天牢▲地兵
		辛	丑	○官貴○水星▲元武
		壬	寅	○司命○臨官▲路空
		癸	卯	○乙貴○福貴▲路空
		甲	辰	○福貴○青龍▲建刑
		乙	巳	○乙貴○明堂▲天賊
		丙	午	○唐符○喜神▲天兵
		丁	未	○官貴○天赦▲朱雀
		戊	申	○三合○長生▲六戊
		己	酉	○六合○大進○寶光
		庚	戌	▲大凶
		辛	亥	○玉堂○日祿○少微
壬	午	庚	子	▲大凶
		辛	丑	○進貴○寶光▲日煞
		壬	寅	○三合○臨官▲路空
		癸	卯	○玉堂○乙貴▲路空
		甲	辰	○福貴○武曲▲天牢
		乙	巳	○乙貴○長生▲元武
		丙	午	○喜神○司命▲天兵
		丁	未	○天地合格○天赦
		戊	申	○青龍○日馬▲六戊

		己	酉	○大進○明堂○進祿
		庚	戌	○三合▲天刑▲地兵
		辛	亥	○祿貴交馳▲朱雀
壬	申	庚	子	○三合○青龍▲地兵
		辛	丑	○官貴○明堂○左輔
		壬	寅	▲大凶
		癸	卯	○貪狼○乙貴▲路空
		甲	辰	○三合○金匱○福星
		乙	巳	○六合○天德○交貴
		丙	午	○喜神▲白虎▲天兵
		丁	未	○玉堂○天赦○少微
		戊	申	○長生▲雷兵▲六戊
		己	酉	○大進○進貴▲元武
		庚	戌	○司命○進祿▲地兵
		辛	亥	○日祿○少微▲勾陳
壬	戌	庚	子	○帝旺▲天牢▲地兵
		辛	丑	○官貴○水星▲元武
		壬	寅	○三合○司命▲路空
		癸	卯	○六合○乙貴▲路空
		甲	辰	▲大凶
		乙	巳	○明堂○乙貴▲天賊
		丙	午	○喜神○三合▲天兵
		丁	未	○官貴○天赦▲朱雀
		戊	申	○金匱○日馬▲六戊
		己	酉	○大進○天德○寶光

		庚	戌	○武曲▲白虎▲地兵
		辛	亥	○玉堂○日祿○少微
癸	丑	壬	子	○日祿○大進▲路空
		癸	丑	○同類相資▲路空
		甲	寅	○金匱○進貴▲天賊
		乙	卯	○長生○乙貴○寶光
		丙	辰	○喜神▲白虎▲天兵
		丁	巳	○三合○乙貴○玉堂
		戊	午	○進貴▲天牢▲六戊
		己	未	▲大凶
		庚	申	○司命○進貴▲地兵
		辛	酉	○三合○扶元▲勾陳
		壬	戌	○青龍○日刑▲路空
		癸	亥	○明堂○日馬▲路空
癸	卯	壬	子	○大進○日祿▲路空
		癸	丑	○進貴▲勾陳▲路空
		甲	寅	○青龍○左輔▲狗食
		乙	卯	○祿貴交馳○明堂
		丙	辰	○喜神○武曲▲天兵
		丁	巳	○天赦○乙貴▲大退
		戊	午	○金匱▲雷兵▲六戊
		己	未	○三合○寶光○天德
		庚	申	○國印▲白虎▲地兵
		辛	酉	▲大凶
		壬	戌	○六合○進貴▲路空

		癸	亥	○三合○生旺▲路空
癸	巳	壬	子	○大進○日祿▲路空
		癸	丑	○三合○玉堂▲路空
		甲	寅	▲天賊▲天牢▲日刑
		乙	卯	○長生○乙貴○福貴
		丙	辰	○司命○喜神▲天兵
		丁	巳	○天赦○乙貴▲大退
		戊	午	○青龍○進祿▲六戊
		己	未	○明堂○唐符▲不遇
		庚	申	○六合○長生▲地兵
		辛	酉	○三合▲朱雀▲五鬼
		壬	戌	○官貴○金匱▲路空
		癸	亥	▲大凶
癸	未	壬	子	○大進○日祿▲路空
		癸	丑	▲大凶
		甲	寅	○金匱○進貴○福貴
		乙	卯	○三合○寶光○乙貴
		丙	辰	○官貴○喜神▲天兵
		丁	巳	○玉堂○乙貴▲大退
		戊	午	○六合○進貴▲六戊
		己	未	○唐符▲不遇▲元武
		庚	申	○司命○進貴▲地兵
		辛	酉	○中平▲勾陳▲旬空
		壬	戌	○官貴○青龍▲路空
		癸	亥	○三合○明堂▲路空

癸	酉	壬	子	○日祿○大進▲路空
		癸	丑	○三合▲勾陳▲路空
		甲	寅	○青龍○功曹▲天兵
		乙	卯	▲大凶
		丙	辰	○六合○喜神▲天兵
		丁	巳	○羅紋交貴○三合
		戊	午	○金匱○太陰▲六戊
		己	未	○天德○寶光▲不遇
		庚	申	○國印▲狗食▲地兵
		辛	酉	○玉堂○進祿▲建刑
		壬	戌	○官貴▲天牢▲路空
		癸	亥	○帝旺▲元武▲路空
癸	亥	壬	子	○大進○日祿▲路空
		癸	丑	○玉堂○少微▲路空
		甲	寅	○六合○臨官▲天牢
		乙	卯	○乙貴○三合○長生
		丙	辰	○喜神○司命▲天兵
		丁	巳	▲大凶
		戊	午	○青龍▲雷兵▲六戊
		己	未	○三合○明堂▲不遇
		庚	申	○國印▲天刑▲地兵
		辛	酉	○進馬▲朱雀▲五鬼
		壬	戌	○金匱○進祿▲路空
		癸	亥	○寶光○帝旺▲路空

❖第四章❖

訂婚、嫁娶該如何擇日

在一般社會習俗中，訂婚、結婚是人生大事，不管當事人或雙方家長都相當重視，通常都會請擇日老師來合婚擇日，以下所列舉的日子就是運用古傳所留下的擇訂婚、結婚選擇出最佳的日子及時辰，請遵守表中各項注意事項進行。

（正確的婚課擇日必須篩選很多條件，諸如第三章共用資料表A及表C，及本章第六、七節的表一至表十八之所有條件都需考慮到。）

第一節　訂婚及嫁娶時必須取得的資料

1、乾造（新郎）的出生年、月、日、時。

2、坤造（新娘）的出生年、月、日、時。

3、男女雙方父母之年次及家屬年次。

4、想要嫁娶的月份大約在幾月？

5、從男方到女方迎娶來往時間大約需車程多久？

6、是否安新床，是的話床頭的坐向為何？

　＊是否懷有身孕？

7、是否要挑選在星期六或星期日？

訂婚、結婚擇日條件如下

1、以男、女雙方當事者之生辰八字不沖剋為第一考量重點。（共用表A）

2、再考量以不沖剋及影響雙方長輩的生肖為原則。

3、再以房屋坐向、臥床不沖剋為考量重點。（共用表B）

4、再以訂婚及結婚之年、月份來配合挑選最佳日子。

5、當然要考慮適合結婚的大、小利月。

6、接續以訂婚、結婚之各項「吉、凶」忌例為擇日重點（本章第五節表一到表十八）。

7、一定要考量與本命六沖、三殺、三刑、官符、六害、箭刃、回頭貢煞等日子均不可用。

8、運用通書吉神、凶神、黃道吉神、黑道凶神等等吉凶時表來選擇最佳時辰。（共用表C）

9、最後運用「奇門遁甲」最佳方位法輔助來達成吉日良時成功圓滿。

◎ 舉例（一）說明：

乾造：王力棋（新郎）農曆七十年九月十五日卯時生

坤造：許雅雲（新娘）農曆七十三年六月九日午時生

乾翁（男方父親）：己亥年生

乾姑（男方母親）：庚子年生

坤父（女方父親）：庚子年生

坤母（女方母親）：辛丑年生

結婚之前要先訂婚，所以要先選訂婚的日子，以舉例（一）來說明。

◎ 納采（訂婚）之擇日步驟：

1、參閱本章第三節圖一子女納采吉日，以及本章第三節、第六節、第七節。

2、看通書紅課有納采日，參閱本章第三節圖二。

3、可選擇農曆丁亥年十月三十丁丑日來舉行訂婚儀式。

◎ 擇日步驟及細節參考（共用表A）

新娘甲子命沖午日時，三殺未日時不用

新郎辛酉命沖卯日時，三殺辰日時不用

子命三刑卯日：貴人可解

酉日三刑酉日：貴人可解

乾翁己亥命沖巳日時，乾姑庚子命沖午日時

坤父庚子命沖午日時，坤母辛丑命沖未日時

※因訂婚納采盡量取不沖雙方家長為原則

經以上種種條件考慮所選出的日子及時辰如下表，請參考行事，祝一切平安順利。

表一：

<table>
<tr><td>巳日</td><td></td><td>午日</td><td></td><td>未日</td><td></td><td>申日</td><td></td></tr>
<tr><td colspan="2">正沖
檳翁
榔
殺</td><td colspan="2">、　沖沖沖
父坤姑</td><td colspan="2">沖三
母殺</td><td colspan="2">盤
隔
山
殺</td></tr>
<tr><td>辰日</td><td></td><td colspan="4" rowspan="4">可選擇農曆丁亥年十月三十丁丑日來
舉行訂婚儀式</td><td>酉日</td><td></td></tr>
<tr><td colspan="2">正三箭
檳殺刃
榔
殺</td><td colspan="2">刑箭
刃</td></tr>
<tr><td>卯日</td><td></td><td>戌日</td><td></td></tr>
<tr><td colspan="2">正三沖箭
檳刑乾刃
榔
殺</td><td colspan="2">箭
刃</td></tr>
<tr><td>寅日</td><td></td><td>丑日</td><td></td><td>子日</td><td></td><td>亥日</td><td></td></tr>
<tr><td colspan="2">盤
隔
山
殺</td><td colspan="2"></td><td colspan="2"></td><td colspan="2">盤
隔
山
殺</td></tr>
</table>

4、擇時均以早上為最佳，午後次之。

請參考第三章第三節擇日時必須參考的共用資料、用時吉凶篇（表C），選出最佳的時辰。

◎ **選擇嫁娶吉日：**

1、參閱第三章第一節【共用資料A】及嫁娶資料（本章第三節圖三、圖四、圖五及第八節、第九節）。

2、或參考剋擇講義（嫁娶篇）。

3、可選用丁亥年十二月二十丙寅日酉時；巳時偏沖乾翁；斟酌。

4、舉例參閱第三章第一節【共用資料A】。

乾造王力棋辛酉年九月十五日卯時、陽氣己丑、箭刃戌辰

坤造許雅雲甲子年六月九日午時、陰胎壬戌、箭刃卯酉、反目卯酉、孤寡寅戌

新郎辛酉年沖卯日三殺辰日時不用

陽氣：看萬年曆七十年九月十五日為戊戌月；天干進一地支進三為為己丑；沖陽氣未日時不用

新娘甲子女沖午日三殺未日時不用

陰胎：看萬年曆七十三年六月九日為辛未月；天干進一地支進三為壬戌；沖陰胎辰日時不用

其餘請看本章第三節圖三及第九節的表五。

經以上種種條件考慮所選出的日子及時辰如下表，請參考行事，祝一切平安順利。

表二：

<table>
<tr><td>巳日</td><td></td><td>午日</td><td>丙</td><td>未日</td><td>辛</td><td>申日</td><td>壬</td></tr>
<tr><td colspan="2">沖
翁</td><td colspan="2">胎　沖沖沖
元　父姑坤</td><td colspan="2">沖　　　沖三
陽夫　　母殺
氣星</td><td colspan="2">沖沖
天命
嗣宮</td></tr>
<tr><td>辰日</td><td></td><td colspan="4" rowspan="4">嫁娶日可選用丁亥年十二月二十丙寅日酉時；
巳時偏沖乾翁；斟酌</td><td>酉日</td><td></td></tr>
<tr><td colspan="2">沖　滅
陰箭　子　三
胎刃　胎　殺</td><td colspan="2">刑　反咸流箭
　　目池霞刃</td></tr>
<tr><td>卯日</td><td></td><td>戌日</td><td></td></tr>
<tr><td colspan="2">三箭反紅沖
刑刃目鸞乾</td><td colspan="2">箭孤天
刃寡狗</td></tr>
<tr><td>寅日</td><td>壬</td><td>丑日</td><td>丁</td><td>子日</td><td>丙　壬　庚</td><td>亥日</td><td></td></tr>
<tr><td colspan="2">沖
孤天　夫驛
寡官　宮馬</td><td colspan="2">埋沖
兒夫　殺
時星　翁</td><td colspan="2">真　正
沖　沖　沖
胎　胎　妻
元　元　星</td><td colspan="2">彭
祖
忌</td></tr>
</table>

5. 擇時均以早上為最佳，午後次之。

請參考第三章第三節擇日時必須參考的共用資料、用時吉凶篇【表C】，選出最佳的時辰。

第二節 訂婚及嫁娶標準表格

囍囍囍 天作之合 嫁娶吉課 囍囍囍

新郎	先生　呈祥　福祿鴛鴦
新娘	小姐　獻瑞　鸞降徵祥
男方主婚	翁　姑　親族
女方主婚	父　母　親族
茲依	洪氏錦囊及易學先賢諸法　謹擇吉期如次：
納采	奇門遁甲方位：
安床	奇門遁甲方位：
嫁娶	奇門遁甲方位：
吉時	男方起程時間：　新娘出閨上轎時間：
拜堂進房	進房。同時　拜堂、祭拜祖先。
酬神	奇門遁甲方位：
附註	

將所有經挑選過的資料一一填入表格中即完成擇日流程。

神煞紛紜避難盡　善在制化是真機

乾造龍圖			
年	月	日	時
陽氣	妻星	天官	男厄
三煞	三刑	箭刃	

坤造鳳局			
年	月	日	時
陰胎	夫星	天嗣	女產
三煞	三刑	箭刃	胎元

嫁娶吉課			
根	苗	花	果
窈窕淑女姻緣就	乾坤兩造配佳期	明年此時產麟兒	夫榮子貴慶齊眉
◎大利　月	◎吉利　月	○翁姑　月	○父母　月

祿命宮	男女宮	夫妻宮	
孤寡	反目	滅子胎	埋兒時
		日	時
河上翁　男忌	河上翁　女忌	夫星　死墓絕	天嗣　死墓絕
	房中禮位宜		宜取太陽麟星到　宮制化

吉祥坊易經開運中心

電話：04 24521393
傳真：04 24513496
台中市西屯區西屯路二段297之8巷78號

第三節　訂婚及嫁娶用通書查閱資料

如果不照本章第一節之所有擇日條件及細節一一挑選，當然可以運用坊間的通書來擇日比較簡單，因為通書都已經將所有細節挑選過，只差尚未考慮新郎、新娘及家屬的八字而已，只要您依照以下（圖一、二、三、四、五）指引再加上第三章的共用資料【表A、C】即可完成婚課擇日了。

◎ 圖一

新娘為甲子年，所以將《黃道擇日大全》翻到該頁，就可得知哪些日子犯到哪些煞。

子女

日	煞
子日	清吉取用
卯日	正檳榔殺
午日	犯沖大凶
酉日	清吉取用
丑日	清吉取用
辰日	正檳榔殺
未日	檳榔三殺
戌日	清吉取用
寅日	盤隔山殺
巳日	正檳榔殺
申日	盤隔山殺
亥日	盤隔山殺

丑女

日	煞
子日	正檳榔殺
卯日	清吉取用
午日	盤隔山殺
酉日	盤隔山殺
丑日	正檳榔殺
辰日	檳榔三殺
未日	犯沖大凶
戌日	盤隔山殺
寅日	正檳榔殺
巳日	清吉取用
申日	清吉取用
亥日	清吉取用

◎ 圖二

將通書翻到該頁，就可得知哪一日適合訂盟納采。

國曆 12月大

7日 金 星期五

時五福卯
時入乾宮
天帝到壬
太陽到艮
心七行復
之坤卦
子時三奇

沖蛇煞西
廿八乙亥
丑時登貴

火建
四中
綠
亢義

天德月恩四相龍德續世寶光兵福●月建土府四不祥食鄉重日血忌鬼哭上兀
戌正一刻○分 大偷修日 憲宜祭祀沐浴○協紀不
大雪臺灣二十點十五分 諸神朝天 取○通宜出行冠笄進人
口●正沖己巳人19歲○的呼乙未人53歲○胎神占在碓磨床外西南方●離巢

十二月令壬子月

節後
管局

火閉
四中
綠
亢義

顯星四相福厚官國豐旺七聖●遊禍朱雀重日四不祥食鄉臥尸俱將泉閉上兀
憲宜沐浴牧養納畜○協紀築堤防補垣塞穴○通宜出行裁衣合帳冠笄進人口
大偷修日○諸神朝天 雕刻做樑開柱眼出火拆卸修造動土起基定磉
穿栟檷架豎柱上樑安門砱灶碓磑磨放水移徙入宅納財修倉庫開池廁塞穴斷
蟻造畜稠栖棧●正沖的呼胎神全節前⊙文節後時間短促取用事敬請斟酌之
鶡鴠不鳴行未濟卦九四己酉武曲○虎始交蹇卦九三丙申廉貞○荔挺出頤卦六二庚寅文曲

8日 土 星期六

未時三奇

沖馬煞南
廿九丙子
辰寅登貴

水建
三碧
氐伐

曲星龍德鳴吠對滿德敬安敬心●月建土府子午頭殺月厭觸水龍三不返驚走
憲宜不取○協紀不取○通宜入殮移柩成除服●正沖庚午人18歲○的呼丁丑
人11歲○胎神占廚灶碓外西南方⊙驚走日忌牧養納畜造畜稠栖棧割審勿用

9日 日 星期日

太陽到乾
太陰到中
木星到震
金星到坎
日四吉臨
巳午二時
貪狼入中
聖人登殿
虎馬狗殺

沖羊煞東
子時進貴
三十丁丑
酉時大進
寅辰登貴

水除
二
黑中
房寶

歲月德合五合六合吉期不將七聖神在●三喪虎中人隔全番弓食主爭訟鬼哭
憲宜祭祀上表章結婚姻會親友出行沐浴經絡安機械立券交易掃舍宇栽種牧
養納畜造畜稠栖棧○協紀祈福求嗣酬神解除整手足甲修倉庫醞釀○通宜問
密日 名訂盟納采裁衣合帳作染出火拆卸修造動土起基定磉穿栟檷架豎柱
上樑歸岫蓋屋合脊安床碓磑磨移徙入宅安香造廟橋船車器造倉庫豎旗掛匾
●正沖辛未人17歲○的呼癸未人65歲○胎神倉庫廁外正西●斧煞下兀赤口

◎ 圖三

將通書翻到該頁，就可得知哪一日犯了哪些刑煞。

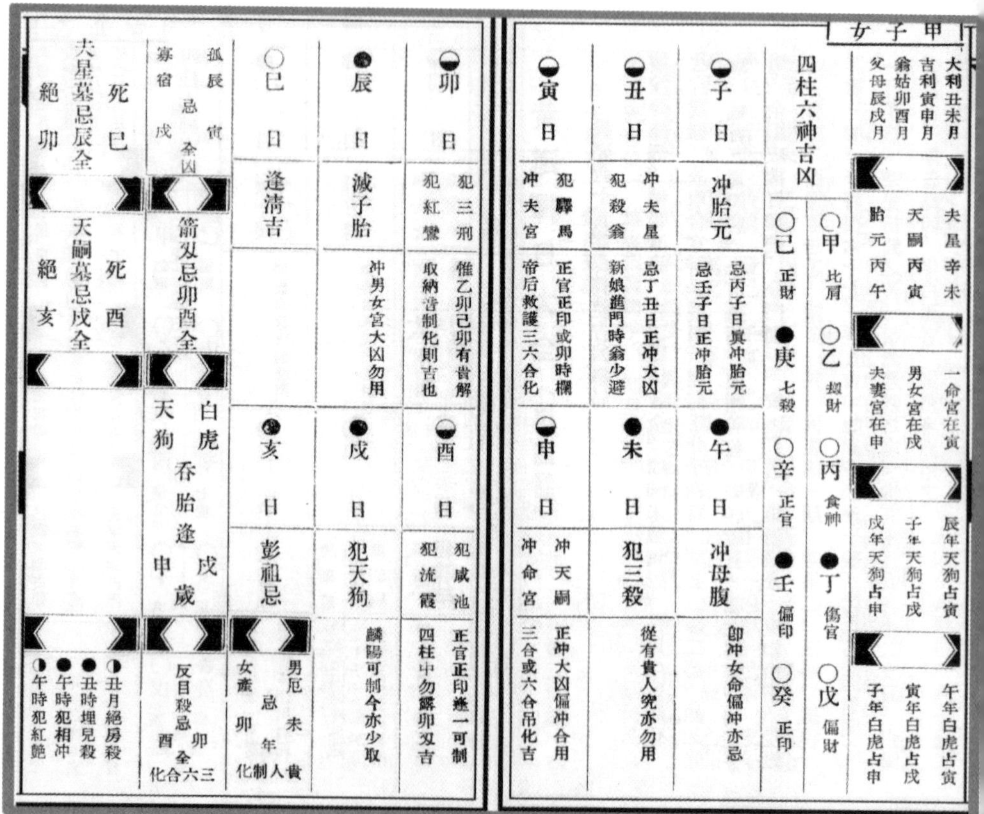

甲子女

大利丑未月
吉利寅申月
翁姑卯酉月
父母辰戌月

夫星辛未
天嗣丙寅
胎元丙午

一命宮在寅
男女宮在戌
夫妻宮在申

辰年天狗占寅
子年天狗占戌
戌年天狗占申

午年白虎占寅
寅年白虎占戌
子年白虎占申

四柱六神吉凶

○甲 比肩　○乙 刼財　○丙 食神　●丁 傷官　○戊 偏財
○己 正財　●庚 七殺　○辛 正官　●壬 偏印　○癸 正印

◒子日　冲胎元　忌丙子日眞冲胎元　忌壬子日正冲胎元

◒丑日　冲夫星　犯殺翁　忌丁丑日正冲大凶　新娘進門時翁少避

◒寅日　犯驛馬　冲夫宮　正官正印或卯時欄　帝后救護三六合化

●午日　冲母腹　卽冲女命偏冲亦忌

●未日　犯三殺　從有貴人究亦勿用

◒申日　冲天嗣　冲命宮　正冲大凶偏冲合用　三合或六合吊化吉

◒卯日　犯三刑　犯紅鸞　惟乙卯己卯有貴解　取納音制化則吉也

●辰日　滅子胎　冲男女宮大凶勿用

○巳日　逢清吉

◒酉日　犯咸池　犯流霞　正官正印逢一可制　四柱中勿犯卯爻吉

●戌日　犯天狗　麟陽可制今亦少取

●亥日　彭祖忌　男厄忌未年　女產卯　貴人制化

孤辰寅　寡宿戌　忌全凶

箭刄忌卯酉全

白虎戌　天狗申　吞胎逢歲

反目殺忌卯酉全　三六合化

夫星墓忌辰全　死巳　絶卯

天嗣墓忌戌全　死酉　絶亥

◑丑月絕房殺
●丑時埋兒殺
●午時犯相冲
◑午時犯紅艷

◎ 圖四

將通書翻到該頁，就可得知哪一月令及哪一日可以用。

◎甲子◎女24歲嫁娶吉課　73年次

大利六十二月大吉允用
吉利正七月迪吉可用
翁姑二八月三德解化
無德暫避
父母三九月三德解化
無德勿送
妨夫主四十月從俗深忌
妨女身五十一月從俗深忌
夫星辛未〇正沖丁丑
餘日可用
天嗣丙寅〇正沖壬申
餘日權用
胎元丙午〇正沖壬子
眞沖丙子
沖命宮申日
沖夫宮寅日
三六合化
帝后救護
滅子胎忌辰日大凶勿用
父滅子胎配辰夫陽德奇合化
夫星死墓絕巳辰卯
天嗣死墓絕酉戌亥
全大凶
流霞酉日柱中會卯刃凶
紅鸞卯日德奇貴喜音制
孤寡忌寅戌全大凶勿用
箭刃卯酉全宜三六合
反目酉卯全命貴解化
埋兒殺忌丑時大凶勿用
三刑惟乙卯乙卯日貴人
納采忌卯辰巳未日檳榔殺

⊙正月令　壬寅管局　吉利月國曆
正月初三乙酉2巳時吉顯星2 20
正月初六戊子5寅卯巳酉亥2 23
⊙二月令　癸卯管局　翁姑月國曆
正月十八庚子3卯巳申酉戌3 7

六月十三辛酉4亥時登貴吉7 26
六月廿一己巳5寅卯巳酉厭8 3
⊙七月令　戊申管局　吉利月國曆
七月初三辛巳3子申酉戌時8 15
七月初六甲申6子卯巳戌亥8 18

⊙九月令　庚戌管局　父母月國曆
九月初二己卯5亥時長生吉10 12
九月初四辛巳密巳時二德合10 14
九月初八乙酉〇天嗣死墓絕〇〇
九月十六癸巳5卯戌時曲星10 26

八月初十日
歲德六丁亥貴
翁姑逢德神己酉人
三合天喜化丁巳登
合日清乙巳天

正月十九辛丑4寅卯巳申亥翁避
二月初四乙卯4卯巳申戌時厭對
二月十三甲子6子寅巳酉戌亥德
二月十四乙丑密卯巳申酉戌翁避
⊙三月令　甲辰管局　父母月國曆

七月初十戊子3寅卯巳酉戌亥德
七月十八丙申4子卯申酉戌亥時
七月廿二庚子1酉登貴戌時9 3
七月廿七乙巳6寅卯時節前9 8
⊙八月令　己酉管局　翁姑月國曆

九月十九丙申1子巳戌亥對10 29
⊙十二月令　癸丑管局　大利月國曆
十一月廿八乙巳密巳申酉戌時厭對
十二月初八甲寅2子寅巳酉亥1 15
十二月十四庚申1卯巳申酉戌二德

九月初四日
天月密丁亥六
父母逢德日庚戌神
天恩不將佳辛巳化
德合期癸巳清

二月廿二癸酉1寅申酉亥時4 9
二月廿七戊寅6酉時吉厭對4 14
三月十三癸巳密寅申酉戌曲4 29
⊙六月令　丁未管局　大利月國曆
五月廿六乙巳2寅卯時月厭7 10

七月廿七乙巳6巳酉月德合9 8
八月初六癸丑密寅卯巳申酉亥翁
八月初十丁巳4寅卯巳申酉歲合
八月十八乙丑5寅卯巳酉亥9 28
八月廿二己巳2子寅卯巳酉10 2

十二月二十丙寅密寅卯巳亥曲1 27
⊙丑時埋兒殺忌進房安床
⊙反目忌卯酉全逢亥年合化
⊙箭刃忌卯酉全逢亥年合化
廖淵用撰男茂志媳家綸全選

十二月十四日
天月六丁亥貴
大利吉月神癸丑人
玉皇鑾駕化庚申登
德日清丙戌天

◎ 圖五

將通書翻到該頁，就可確認哪一日適合嫁娶且犯了哪些沖剋。

日期	時辰・神煞	干支・沖煞	管局・建除	宜忌
23日 水 星期三	豬兔羊殺	十六壬戌	管局	32歲○的呼辛酉人27歲辛丑人47歲○胎神倉庫栖外東南⊙食鄉忌社廟開光
24日 木 星期四	辰時喜神 海藏潛龍 未時三合	沖蛇煞西 十七癸亥 午申登貴	水開 六白 井和	傳星天貴益後生氣財帛●重日值夫橫天月厭陰錯臥尸天賊離巢乙絕氣驚走 烏兔太陰午時○勿拆灶 憲宜不取○協紀不取○通宜開光塑繪沐浴剃頭求醫治病冠笄會親友作灶●正沖丁巳31的呼丙寅22胎神房床外東南
25日 金 星期五	時五福子 時入坤宮 接大寒上 陽三局乙二 丙一丁九 丑時六合 羅紋交貴 寅時喜神	沖馬煞南 子時大進 十八甲子 卯時帝旺 辰戌登貴	金閉 一中 白 鬼義	六合天恩四相吉慶續世神在節會●歸忌土符食主血支泉閉蚩尤天吏致死空 憲宜祭祀沐浴經絡安機械○協紀醞釀○通宜祈福求嗣酬神齋醮問名訂盟納 天赦日○四元一將采裁衣合帳作染雕刻拆卸竪柱上樑蓋屋合脊安門床新婚寄用灶立券交易納財牧養納畜造畜稠栖棧入殮移柩成除服啓攢火葬進金安葬立碑用權●正沖戊午人30歲○的呼辛丑人47歲○胎神占門碓外東南方
26日 土 星期六	虎馬狗殺	十九乙丑	金建 柳制	顯星天月適合天恩要安●往亡四不祥楊公忌債木天空正紅紗月建土府三喪 季月逢丑日正紅紗宜事不取●正沖己未29歲胎神碓磨廁外東南
國曆1月大 27日 日 星期日	西時貴人 演禽課格 星尾 軫觜 星軫心 心星 斗軫 彼禽失位 我禽得地 時五福西	沖猴煞北 午時大進 二十丙寅 未時三奇 寅子登貴	火除 三中 碧 星義	曲星天恩相日吉期不將鳴吠對兵吉●食鄉天兵龍禁聖忌破碎蒼頡死雀中兀 憲宜沐浴掃舍宇出行○協紀不取○通宜開光塑繪社廟不宜給由解除求醫治病問名訂盟納采結婚姻裁衣冠笄會親友嫁娶進人口經絡安機械作染伐木架馬做 密日 樑開柱眼拆卸起基定磉安門砌床放水移徙入宅造倉庫開市立券交易納財造畜稠栖棧開生墳合壽木成除服移柩啓攢火葬進金安葬立碑●正沖庚申人28歲○的呼丙午人42歲○胎神占廚灶爐外正南⊙天兵忌入殮上樑蓋屋
28日 月 星期一	時入中宮	廿一丁卯	管局	歲適合天恩不將天福巫鳴吠對神在兵吉●天火門光天狗土瘟鬼哭離巢雀乾

第四節　閩南結婚禮儀之習俗通則

一、婚前禮的流程

議婚的流程：

俗稱「相親」與「提親」。相親由男女雙方事先約定時間到餐廳或到女方家對看，如雙方合意，即進行提親。提親亦即六禮中的「問名」，主要是男方要探女方的姓名及出生年、月、日，由媒人送女方之庚帖於男方，經男方認為合乎條件，乃由男女兩家互換八字，即所謂「納吉」。

（一）訂盟的流程：

「訂盟」即所謂「訂婚」或「文定」，有「小聘」與「大聘」之分，唯今民間常將小聘與大聘（亦可稱完聘）合而為一，較為省時省事。

（二）訂盟程序：

1、男方應準備之物品：

（1）庚帖：男女雙方生辰八字，請命理師合算。如無相剋之處，男方即請媒人至女方報訊，並商量訂婚事宜。

（2）聘金有小聘禮與大聘禮之分，台灣北部地區有只收小聘禮，不收大聘禮，也有大、小聘禮均不收或都收的地區，目前隨著經濟的發展，很多地方已不收聘金，但女方言明不再備辦嫁妝。

（3）禮品：禮餅、大餅、冬瓜糖、檳榔、冰糖、豬肉、羊肉、雞、鴨、麵線、魷魚、福圓（福圓即龍眼，俗稱女婿目，女方通常不收而還給男方）、罐頭、酒等（取十二樣或六樣），即：禮餅、豬肉、冬瓜、冰糖、桔餅（或檳榔）即可。

（4）金、香、燭、炮四樣各兩份，蓮招芋、石榴桂花及五穀子、鉛、炭包成一包。

（5）女訂婚人之衣服、鞋子、襪子、手鐲、戒指、耳環、項鍊等金飾（可折合現金）。

（6）各種紅包：謝宴禮（訂婚宴席通常由女方請客，男方應贈送女方謝宴禮儀一份）、廚師禮、端菜服務禮、端臉盆禮、接待禮、化妝禮、捧茶禮等六禮，有的地方另有母舅禮。

（7）總打：因訂婚禮儀繁瑣，唯恐有掛一漏萬的疏失，另一方面為簡化訂婚禮儀，現在有所謂「總打」的方式，即全部禮物改用現金代替，以節省雙方不必要的浪費，不失為一個良好的方式，特別是在男、女雙方相隔遙遠，買東西及辦事困難的情形下，更見方便。

（8）贈送介紹人（媒人）喜餅及紅包。

2、女方應準備之物品：

（1）贈送男訂婚人之衣服、鞋子、皮帶、皮包、戒指（互換信物用）等物品（取偶數，亦可折合現金）。

（2）將男方所送來之金、香、燭、炮一份及禮餅等禮品用來祭拜祖先，另外一份金、炮、香、燭及部分禮品退還給男方，禮餅則退回六盒或十二盒（取偶數）。

（3）贈送介紹人（媒人）喜餅及紅包。

（三）訂婚流程：

（1）迎賓：女方家長在門口迎接男訂婚人及其親屬（取偶數）。

（2）受禮：即六禮中的「納徵」，亦即接受聘禮。

（3）奉茶：奉茶即「呷茶」，由女訂婚人手端茶盤出廳，向男訂婚人及其親屬一一奉茶，並由媒人一一介紹男訂婚人及其親屬。

（4）壓茶甌：甜茶飲畢，男方來客次第回贈紅包，俗稱「壓茶」。

（5）戴手指：在雙方家長與親屬的見證下，男訂婚人為女訂婚人戴上戒指，其禮儀如下：在女家正廳中央放一把椅子，女訂婚人面向外，然後由男方親戚取出事先預備好的戒指，套在女訂婚人右手中指上，依序再佩戴項鍊、手鐲及耳環，接著女訂婚人也為男訂婚人戴上戒指（左手中指）、項鍊等。

（6）祭祖：戒指戴完後，男女訂婚人由女方家長陪同向女方廳堂上之神明及祖先祭拜奉告訂婚事。

（7）合照：首先由男女訂婚人與雙方家長合照，次與男方親友與女方親友合照。

（8）訂婚宴：由女方宴請男女雙方親朋好友，男方應送女方「謝宴禮」乙份。

（9）送賓：宴畢，男方不必向女方說再見，即可離開。

（四）完聘的流程：

「完聘」又稱「大聘」，亦即六禮中的所謂「納徵」與「納幣」，唯現今「大聘」與「小聘」差不多同時辦理，亦即訂婚與完聘同一天合併舉行，更有人將完聘與迎娶訂在同一天舉行，稱為「完聘娶」。

（五）請期的流程：

過定後，男方即將新娘的八字送請命理師擇定裁衣、挽面、安床、迎娶、上轎（出發）、進房之時刻，寫在紅紙上，託媒人送至女家，俗稱「送日頭」。男方選定的日子，應經女方覆核，男方則送女方一個覆日的紅包。

（六）安床的流程：

男家於婚前擇一吉日，請一位福祿雙全的長輩舉行安床禮，並貼上安床符（用紅硃砂書寫「麒麟到此」或「鳳凰到此」在黃色紙上），並請一位男孩在床上翻滾一番，謂之「壓床」，並自安床日起或結婚前一天晚上，請一位男孩（最好屬龍）與新郎同眠，意即不可睡空床（即使婚後一個月內，新床也不能騰空，如出外度蜜月，或有其他不能回家睡的事實，可於床上放男女衣褲，以示有在使用新床）。

二、正婚禮時的流程

正婚禮就是迎親，俗稱「迎娶」，過程如下：

（一）迎娶人員之選定：迎娶人員包括新郎、介紹人（媒人）、男儐相、花童及親友（取偶數），每人佩帶紅花一朵於左胸前，分乘禮車出發，禮車除司機外，須有一人以上乘坐，回程時女方陪嫁人員也應取偶數，分別搭乘男方之禮車（禮車也應取偶數）。

（二）禮車出發時，前導車應鳴放鞭炮，抵達女方家門口時，女方應立即鳴炮以示歡迎，然後由女方一位親戚為新郎開車門，請新郎下車，新郎則送給該人一個紅包。

（三）新娘由介紹人或親屬長輩扶出廳堂，由女方父母、舅舅「點燭」及「點香」。由新郎、新娘向祖先牌位上香。

（四）新郎將禮花雙手遞給新娘，並相互行三鞠躬禮。

（五）新娘向父母辭行，感謝父母養育之恩，並接受父母的叮嚀及祝福的話。

（六）新郎扶新娘上禮車，男女雙方親友分別上車。

（七）禮車開動，女方鳴炮，女方主婚人持一碗水潑出去，意謂嫁出去的女兒如潑出去的水。

（八）新娘從車窗丟出一把扇給弟妹撿，意即去舊「姓」，留新「姓」，亦表示留善給娘家。

（九）迎娶車隊，以綁有竹簑為先，竹簑即青竹連根帶葉，以示有始有終，竹端繫豬肉一塊，以防凶神白虎侵襲。

（十）禮車抵達男方家門時，男方即鳴長炮歡迎，男方親友陸續邀請女方親友下車，新郎亦先行下車，此時由一位男童手捧圓盤，上放兩個橘子，開車門恭請新娘下車，新娘即送男童紅包一個。

三、進堂與拜堂時的流程

（一）進大廳：新娘走入廳堂，首先需踩破一片瓦，俗稱「破煞」，然後跨過一火爐，俗稱「過火」，才能進入廳內，進入廳堂之前，必須留意兩件事：1、不可踏著門檻（即戶碇）。2、不可踏草，據說這樣子會帶來不利。

（二）拜堂：男方由族長或母舅主持拜堂儀式，稟告列祖列宗，並向父母親行拜見禮，然後夫妻行三鞠躬後，始可進入洞房。

（三）進房：新郎、新娘進入洞房，並肩坐在公婆椅上，上舖一件新郎長褲，象徵夫婦同心協力，榮辱與共，並喝交杯酒，表示永結同心。

（四）探房：由新娘的兄弟前來探望其姊妹的婚後生活，謂之「舅仔探房」，以前都在結婚後第三天由新娘兄弟攜帶禮品到男方家探視，現今都在同一天舉行。

（五）合照：新郎、新娘合照，並與雙方親友合照。

（六）歸寧：歸寧乃女子於出嫁後第一次回娘家省親，昔時都由娘家派一位小男孩（通常是新娘的弟弟）前去男方家邀請，而今往往用電話或結婚當天以口頭邀請。

新娘歸寧時，必須攜帶禮品，如橘子、蘋果、碰柑、香蕉、酒等（取偶數），現今只需用簡單的水果或餅乾一件即可。新人歸寧時，女方應準備「歸寧宴」，宴請女方親屬及新郎等親友。宴畢，女方應準備連根帶尾之甘蔗兩枝、雞一對及米糕等物，供新娘帶回男方，但目前為便於新人安排蜜月起見，凡歸寧時女方所需準備之物品，大都在結婚迎娶時即順便帶去。

第五節　一般婚禮的祝福用語

一、文定的祝福

1、走到門口埕，聽到炮仔聲，
欲來講親戚，心頭掠乎定，
男女攏意愛，就是天注定，
親家好名聲，親母攏知影，
今日來提定，要成好親晟。

2、要掛金手指，心裡足歡喜，
新娘生做水，天下無底比。

3、要掛金項鍊，身體真康健，
新娘好女德，大家攏欣羨。

4、要掛金手環，福氣像天高，
真情甲真愛，代代有流傳。

5、親家親母真無閒，定婚大事來完成，
感謝姻緣天註定，親戚朋友也光榮。

二、結婚的祝福

眾人真濟祝福話，親像打鼓噴古吹，

今日歡喜來相會，較好燒香兼擲筊。

茶酒拿來要祝賀，一生煩惱攏總無，

開嘴見講笑呵呵，人生快樂好日月。

人人捧杯來祝詞，真情真愛歸間厝，

生著好生讀建中，生著查子北一女。

人客攏要來祝福，雙人同心共一國，

酸甜苦辣嘛快樂，頭腦一流博士博。

兩位夫人真標緻，管尪教子有規矩，

無論治家管子兒，大家聽伊來教示。

兩位親家來祝慶，年年月月真萬幸，

日日時時心頭定，金銀囤囤歸厝間。

諸位前輩來品評，新郎新娘有路用，

親戚朋友無底撿，事業做人第一等。

新郎叫做○○○，眼光手法尚界高，

才華親像大狀元，狀量無限眾人傳。

新娘叫做○○○，口才事業每項好，

天時地利甲人和，金言玉語攏是寶。

男方主婚○○○，世界萬事看分明，

有情有義來相挺，無貪無求相逗陣。

伊某〇〇頭腦新，冥日工作做無停，
為尪為子最無閒，要為全家是萬能。
女方主婚〇〇〇，做人海派朋友多，
做人做事好性地，真心真意請大家。
伊某〇〇最溫存，女才錢財不免吹，
溫柔體貼最本分，困難艱苦自己吞。

三、飲酒的祝福

1、酒甌捧高高，生的囝仔中狀元，
毋免淡水賣魚丸，毋免新竹賣貢丸，
毋免彰化賣肉丸，毋免台南賣蝦丸，
尚少嘛來做教員，也是做那議員，
或是立法委員，毋免做官員，
心頭才不會結歸丸。

2、酒甌捧在在，做事真實在，
做人真慷慨，講話無相害，
情義通人知，朋友弟兄來，
通人攏喜愛，老實無臭蓋，
生囝好將才，東西南北財，
不時車歸載。

3、喜酒捧穩穩，婚禮熱滾滾。

新娘真美麗，生水免抹粉。

新郎真漂撇，緣投好郎君。

錢財用有偆，子孫會孝順。

喜酒飲嘴內，福氣隨時來。

喜酒飲腹內，歡喜通人知。

牽手來看�，實在真意愛。

尪某的緣分，攏總歸百代。

4、酒甌深深，新郎新娘若是無相親，一杯茶阮無愛飲。

親到新娘頭鬃，一世人攏會好康。

親到新娘的額，毋免賺就有湯吃。

親到新娘的耳，生的囝仔好育飼。

親到新娘的鼻，阿公阿媽吃百二。

親到新娘的面，尪某感情愈親近。

親到新娘的嘴，永遠大富擱大貴。

親到新娘的手，糖甘蜜甜會永久。

親到新娘的腳，明年趕緊做阿爸。

四、尪仔某的祝福

尪某來相看，做大誌不懶惰。

你若欲煮飯，我恰你插電線。

你若欲爬山，我恰你來做伴。

你若愛遊覽，甲我去四界看。

你若愛用錢，金卡隨時去刷。

你若愛水衫，一百領乎你換。

你若愛胭脂，一千支乎你抹。

你若愛海鮮，免乎你流嘴涎。

你若身軀熱，我恰你來拭汗。

你若驚風冷，摟緊緊不畏寒。

你若心情歹，我給你來臭彈。

你若用真情，永遠就不孤單。

第六節　訂盟納采吉日每月可用之日

在第四章第一節、第二節、第三節的舉例中為什麼能選出納采日、嫁娶日，其實是經過許許多多的關煞一一篩選而挑出的，以下的表一至表十八就是一般婚課擇日所必須一一核對的關煞，如果是凶日必須一一剔除，這些表格就不用背了，用查的就可以啦。

以下表顯示該月份所能選用的日子，但必須配合主事者之各種條件才行。

◎ 表一：

訂盟納采吉日：
寅月：丙寅、丁卯、庚午、癸酉、乙亥、丙子、戊寅、己卯、壬午、癸未、丁亥、
戊子、辛卯、壬辰、甲午、乙未、丁酉、己亥、庚子、癸卯、丙午、丁未、
辛亥、壬子、乙卯、丙辰、戊午、己未日
卯月：乙丑、丙寅、丁卯、辛未、壬申、甲戌、丁丑、戊寅、辛巳、癸未、丙戌、
丁亥、己丑、庚寅、乙未、戊戌、己亥、辛丑、丁未、辛亥、丁巳、己未、
壬戌、癸亥日
辰月：丙寅、丁卯、庚午、癸酉、丙子、壬午、乙酉、戊子、庚寅、癸巳、丁酉、
庚子、乙巳、丙午、壬子、甲寅、丁巳日
巳月：甲子、乙丑、丙寅、丁卯、庚午、辛未、癸酉、甲戌、丁丑、己卯、壬午、
乙酉、丙戌、戊子、己丑、庚寅、辛卯、甲午、丙申、丁酉、戊戌、庚子、
辛丑、癸卯、丙午、丁未、庚戌、乙卯、戊午、辛酉、壬戌日

午月：乙丑、丙寅、戊辰、辛未、甲戌、戊寅、庚辰、癸未、丙戌、庚寅、壬辰、
乙未、丙申、戊戌、己亥、辛丑、甲辰、乙巳、庚戌、辛亥、甲寅、丙辰、
己未、壬戌日
未月：甲子、丙寅、丁卯、辛未、乙亥、戊寅、己卯、辛巳、甲申、庚寅、辛卯、
癸巳、丁酉、己亥、癸卯、甲辰、乙巳、甲寅、乙卯日
申月：甲子、丁卯、戊辰、己巳、庚午、壬申、丙子、己卯、辛巳、壬午、丁亥、
戊子、壬辰、癸巳、甲午、丁酉、戊戌、癸卯、乙巳、丙午、壬子、丙辰、
丁巳、戊午、壬戌日
酉月：乙丑、甲戌、乙亥、丁丑、辛巳、丙戌、己丑、庚寅、壬辰、癸巳、戊戌、
己亥、辛丑、甲辰、乙巳、庚戌、丙辰、丁巳、壬戌日
戌月：甲子、丁卯、庚午、乙亥、丙子、己卯、辛巳、壬午、甲申、丙戌、辛卯、
癸巳、甲午、丙申、癸卯、乙巳、丁巳、戊午、庚申、壬戌日
亥月：甲子、丙寅、丁卯、戊辰、庚午、辛未、甲戌、丙子、戊寅、己卯、庚辰、
壬午、癸未、乙酉、戊子、辛卯、壬辰、甲午、乙未、庚子、壬寅、癸卯、
甲辰、丁未、甲寅、乙卯、丙辰、戊午、己未日
子月：乙丑、丙寅、戊辰、壬申、甲戌、丁丑、戊寅、庚辰、辛巳、甲申、丙戌、
丁亥、己丑、壬辰、丙申、戊戌、甲辰、乙巳、丁未、庚戌、癸丑、甲寅、
丙辰、庚申、壬戌日
丑月：甲子、丙寅、己巳、庚午、壬申、戊寅、己卯、辛巳、甲申、丁亥、庚寅、
癸巳、甲午、丙申、己亥、庚子、癸卯、乙巳、庚戌、辛亥、甲寅、乙卯、
庚申日

第七節　訂盟納采擇日吉凶一覽表

◎ 表二：

納采：
宜：天德日、天德合日、月德日、月德合日、天赦日、天願日、母倉日、益後日、天恩日、
月恩日、四相日、時德日、民日、三合日、六合日、五合日、天喜日、吉期日、
續世日、陽德日、玉堂日、明堂日、執日、危日、成日、開日
忌：人民離日、大凶、破日大凶、受死日大凶
平日：十月有時德、六合化解可用，七月有天德、月德、天德合、月德合可用，
四月有六合、月德、月德合、天德、天德合、天願可用
收日：正七月可用，四、十月有天德、天德合、月德、月德合可用，九、十二、三、
六月有天德、月德、天德合、月德合可用
逢正檳榔殺日、檳榔殺日、檳榔殺月勿用檳榔；可權用
逢盤隔山殺日、勿過高山可用
納采周堂逢吉星可用

◎ 表三：

訂盟納采		正	二	三	四	五	六	七	八	九	十	十一	十二
納采周堂		大月4、8、12、16、20、24、28　小月3、7、11、15、19、23、27　按月份											
二至二分	×		春分			夏至			秋分			冬至	
四立	×	立春			立夏			立秋			立冬		
訂盟納采		正	二	三	四	五	六	七	八	九	十	十一	十二
天德	○	丁		壬	辛		甲	癸		丙	乙		庚
天德合	○	壬		丁	丙		己	戊		辛	庚		乙
月德	○	丙	甲	壬	庚	丙	甲	壬	庚	丙	甲	壬	庚
月德合	○	辛	己	丁	乙	辛	己	丁	乙	辛	己	丁	乙
天赦	○	戊寅	戊寅	戊寅	甲午	甲午	甲午	戊申	戊申	戊申	甲子	甲子	甲子
天願	○	乙亥	甲戌	乙酉	丙申	丁未	戊午	己巳	庚辰	辛卯	壬寅	癸丑	甲子
母倉	○	亥子	亥子	亥子	寅卯	寅卯	寅卯	辰、未、戌、丑			申酉	申酉	申酉
		（立春、立夏、立秋、立冬前十八天逢巳、午日）											
益後	○	子	午	丑	未	寅	申	卯	酉	辰	戌	巳	亥
天恩	○	甲子、乙丑、丙寅、丁卯、戊辰、己卯、庚辰、辛巳、壬午、癸未、己酉、庚戌、辛亥、壬子、癸丑											
月恩	○	丙	丁	庚	己	戊	辛	壬	癸	庚	乙	甲	辛
四相	○	丙、丁	丙、丁	丙、丁	戊、己	戊、己	戊、己	壬、癸	壬、癸	壬、癸	甲、乙	甲、乙	甲、乙
時德	○	午	午	午	辰	辰	辰	子	子	子	寅	寅	寅
民日	○	午	午	午	酉	酉	酉	子	子	子	卯	卯	卯
三合	○	午戌	亥未	申子	酉丑	寅戌	亥卯	子辰	巳丑	寅午	卯未	申辰	巳酉
五合	○	寅卯	寅卯	寅卯	寅卯	寅卯	寅卯	寅卯	寅卯	寅卯	寅卯	寅卯	寅卯
六合	○	亥	戌	酉	申	未	午	巳	辰	卯	寅	丑	子
天喜	○	戌	亥	子	丑	寅	卯	辰	巳	午	未	申	酉
吉期	○	卯	辰	巳	午	未	申	酉	戌	亥	子	丑	寅

續世	○	丑	未	寅	申	卯	酉	辰	戌	巳	亥	午	子
陽德	○	戌	子	寅	辰	午	申	戌	子	寅	辰	午	申
玉堂	○	未	酉	亥	丑	卯	巳	未	酉	亥	丑	卯	巳
明堂	○	丑	卯	巳	未	酉	亥	丑	卯	巳	未	酉	亥
人民離	×	戊申日己酉日　一～十二月均是											
破日	×	申	酉	戌	亥	子	丑	寅	卯	辰	巳	午	未
平日	△	巳	午	未	申	酉	戌	亥	子	丑	寅	卯	辰
收日	△	亥	子	丑	寅	卯	辰	巳	午	未	申	酉	戌
閉日	△	丑	寅	卯	辰	巳	午	未	申	酉	戌	亥	子
劫煞	△	亥	申	巳	寅	亥	申	巳	寅	亥	申	巳	寅
災煞	△	子	酉	午	卯	子	酉	午	卯	子	酉	午	卯
月煞	△	丑	戌	未	辰	丑	戌	未	辰	丑	戌	未	辰
月刑	△	巳	子	辰	申	午	戌	巳	酉	未	亥	卯	戌
月害	△	巳	辰	卯	寅	丑	子	亥	戌	酉	申	未	午
月厭	△	戌	酉	申	未	午	巳	辰	卯	寅	丑	子	亥
大時	△	卯	子	酉	午	卯	子	酉	午	卯	子	酉	午
天吏	△	酉	午	卯	子	酉	午	卯	子	酉	午	卯	子
五窮	△	甲子　乙亥			丙子　丁亥			庚子　辛亥			壬子　癸亥		
五墓	△	乙未	乙未	戊辰	丙戌	丙戌	戊辰	辛丑	辛丑	戊辰	壬辰	壬辰	戊辰
五離	△	申日酉日　一～十二月											
八專	△	甲寅、丁未、己未、庚申、癸丑日											
受死	×	戌	辰	亥	巳	子	午	丑	未	寅	申	卯	酉
檳榔殺月	△	正、七月酉日忌子午卯酉女				二、八月未日忌寅申巳亥女				六月亥日忌辰戌丑未女			
		五月丑日忌子午卯酉女				四月卯日忌寅申巳亥女				三、九月巳日忌辰戌丑未女			
盤隔殺日	△	申子辰女忌寅申巳亥日						巳酉丑女忌寅午戌酉日					
		寅午戌女忌巳酉丑日						亥卯未女忌申戌亥卯日					

檳榔殺日	△	己巳　庚辰　辛卯　壬寅　癸丑　戊辰　己卯　庚寅　辛丑　壬子											
正檳榔殺日	△	申子辰女忌卯辰巳未日						巳酉丑女忌子丑寅辰日					
		寅午戌女忌酉戌亥丑日						辛卯未女忌午未申戌日					
執日	○	未	申	酉	戌	亥	子	丑	寅	卯	辰	巳	午
危日	○	酉	戌	亥	子	丑	寅	卯	辰	巳	午	未	申
成日	○	戌	亥	子	丑	寅	卯	辰	巳	午	未	申	酉
開日	○	子	丑	寅	卯	辰	巳	午	未	申	酉	戌	亥

第八節　嫁娶吉日每月可用之日

以下各表顯示該月份所能選用的日子，但必須配合主事者之各種條件才行。

◎ 表四：

	嫁娶
正月	甲子、丁卯、戊辰、庚午、辛未、癸酉、丙子、壬午、乙酉、戊子、辛卯、壬辰、甲午、乙未、丁酉、庚子、癸卯、甲辰、丙午、丁未、壬子、乙卯、丙辰、戊午、己未、己卯
二月	甲子、乙丑、丁卯、庚午、辛未、甲戌、壬午、癸未、甲申、戊子、己丑、辛卯、庚子、戊午、甲午、乙未、丙申、戊戌、辛丑、癸卯、丙午、丁未、庚戌、壬子、癸丑、乙卯、己未、壬戌、壬申、
三月	丙寅、丁卯、庚午、癸酉、戊寅、己卯、辛巳、壬午、乙酉、庚寅、辛卯、壬辰、癸巳、甲午、丁酉、壬寅、癸卯、乙巳、甲寅、乙卯、丁巳、己巳、丙午
四月	甲子、丁卯、丙寅、戊辰、庚午、辛未、癸酉、甲戌、丙子、己卯、庚辰、壬午、甲申、乙酉、丙戌、戊子、辛卯、壬辰、甲午、乙未、丙申、丁酉、戊戌、庚子、癸卯、甲辰、丙午、丁未、庚戌、乙卯、丙辰、戊午、庚申、辛酉、壬戌
五月	乙丑、戊辰、己巳、辛未、壬申、甲戌、丁丑、庚辰、辛巳、癸未、甲申、乙酉、丙戌、己丑、壬辰、癸巳、乙未、丙申、丁酉、戊戌、辛丑、乙巳、丁未、庚戌、丙辰、丁巳、己未、庚申、辛酉、壬戌、癸酉、癸丑
六月	丙寅、丁卯、己巳、辛未、壬申、癸酉、甲戌、戊寅、己卯、辛巳、癸未、甲申、乙酉、庚寅、辛卯、癸巳、乙未、丙申、丁酉、戊戌、壬寅、乙巳、甲寅、乙卯、己未、庚申、辛酉、壬戌
七月	甲子、丁卯、戊辰、己巳、庚午、辛未、壬申、甲戌、丙子、己卯、庚辰、辛巳、壬午、癸未、甲申、戊子、辛卯、壬辰、癸巳、甲午、乙未、丙申、戊戌、庚子、甲辰、乙巳、丙午、丁未、庚戌、壬子、丙辰、丁巳、戊午、壬戌

八月	乙丑、戊辰、己巳、庚午、壬申、甲戌、丁丑、庚辰、辛巳、壬午、甲申、丙戌、己丑、壬辰、癸巳、甲午、丙申、戊戌、辛丑、甲辰、乙巳、丙辰、丁巳、戊午、庚申、壬戌
九月	丁卯、己巳、庚午、辛未、壬申、癸酉、己卯、辛巳、壬午、癸未、甲申、乙酉、丙戌、辛卯、癸巳、甲午、丙申、丁酉、癸卯、乙巳、丙午、丁巳、戊午、己未、庚申、辛酉、壬戌
十月	甲子、丙寅、丁卯、戊辰、庚午、癸酉、甲戌、丙子、戊寅、己卯、庚辰、壬午、乙酉、丙戌、戊子、庚寅、辛卯、壬辰、甲午、丁酉、戊戌、壬寅、甲辰、壬子、乙卯、丙辰、戊午、辛酉、壬戌
十一月	乙丑、戊辰、己巳、壬申、丁丑、庚辰、辛巳、甲申、己丑、壬辰、癸巳、丙申、辛丑、甲辰、乙巳、癸丑、丙辰、庚申
十二月	丙寅、丁卯、己巳、庚午、壬申、戊寅、己卯、庚辰、辛巳、壬午、甲申、庚寅、辛卯、癸巳、甲午、丙申、壬寅、癸卯、乙巳、庚戌、甲寅、丙辰、戊午、庚申

第九節　嫁娶擇日吉凶一覽表

◎ 表五：

○男命天干		甲	乙	丙	丁	戊	己	庚	辛	壬	癸
箭刃全	宜三合六	卯酉	辰戌	午子	未丑	午子	未丑	酉卯	戌辰	子午	丑（刃）
	合貴人化										未（箭）
真妻星	從五	己巳	戊寅	辛卯	庚戌	癸亥	壬申	乙酉	甲午	丁未	丙辰
真天官	虎遁	辛未	庚辰	癸巳	壬寅	乙卯	甲戌	丁亥	丙申	己酉	戊午
正沖妻星大忌日		乙亥	甲申	丁酉	丙辰	己巳	戊寅	辛卯	庚子	癸丑	壬戌
正沖天官大忌日		丁丑	丙戌	己亥	戊申	辛酉	庚辰	癸巳	壬寅	乙卯	甲子
○女命天干		甲	乙	丙	丁	戊	己	庚	辛	壬	癸
箭刃全	宜三合六	卯酉	辰戌	午子	未丑	午子	未丑	酉卯	戌辰	子午	丑（刃）
	合貴人化										未（箭）
真夫星	從五	辛未	庚辰	癸巳	壬寅	乙卯	甲戌	丁亥	丙申	己酉	戊午
真天嗣	虎遁	丙寅	丁亥	戊戌	己酉	庚申	辛未	壬午	癸巳	甲辰	乙卯
正沖夫星大忌日		丁丑	丙戌	己亥	戊申	辛酉	庚辰	癸巳	壬寅	乙卯	甲子
正沖天嗣大忌日		壬申	癸巳	甲辰	乙卯	丙寅	丁丑	戊子	己亥	庚戌	辛酉
夫星	死墓絕 並忌三字全局	巳辰卯	子丑寅	申未午	卯辰巳	亥戌酉	午未申	寅丑子	酉戌亥	寅丑子	酉戌亥
天嗣	死墓絕 全凶二字宜用	酉戌亥	寅丑子	酉戌亥	寅丑子	子丑寅	巳辰卯	卯辰巳	申未午	午未申	亥戌酉
○女命天干		甲	乙	丙	丁	戊	己	庚	辛	壬	癸

滅子胎日	三德三奇 貴人包拱	辰	巳	未	申	未	申	戌	亥	丑	寅
流霞日	無刃不忌	酉	戌	未	申	巳	午	辰	卯	亥	寅
紅豔時	夫星印綬化	午	申	寅	未	辰	辰	戌	酉	子	申
沖生殺日	宜三六合 包拱合化	巳	子	申	卯	申	卯	亥	午	寅	酉
沖命宮	三六合化 帝后救護	申	酉	亥	子	亥	子	寅	卯	巳	午
沖夫宮		寅	卯	巳	午	巳	午	申	酉	亥	子

◎ 表六：

嫁娶吉課中十二個月令帝后全備表			
正月	節後：天后「丙」日	七月	節後：天后「壬」日
	氣後：天帝「寅」月支		氣後：天帝「申」月支
二月	節後：天后「甲」日	八月	節後：天后「庚」日
	氣後：天帝「卯」月支		氣後：天帝「酉」月支
三月	節後：天后「壬」日	九月	節後：天后「丙」日
	氣後：天帝「辰」月支		氣後：天帝「戌」月支
四月	節後：天后「庚」日	十月	節後：天后「甲」日
	氣後：天帝「巳」月支		氣後：天帝「亥」月支
五月	節後：天后「丙」日	十一月	節後：天后「壬」日
	氣後：天帝「午」月支		氣後：天帝「子」月支
六月	節後：天后「甲」日	十二月	節後：天后「庚」日
	氣後：天帝「未」月支		氣後：天帝「丑」月支

◎ 表七：

貴人登天時定局												
直看	正月	二月	三月	四月	五月	六月	七月	八月	九月	十月	十一月	十二月
日干	雨水後	春分後	穀雨後	小滿後	夏至後	大暑後	處暑後	秋分後	霜降後	小雪後	冬至後	大寒後
橫取	太陽亥	太陽戌	太陽酉	太陽申	太陽未	太陽午	太陽巳	太陽辰	太陽卯	太陽寅	太陽丑	太陽子
良時	陽陰	陽陰	陽陰	陽陰	陽陰	陽陰	陽陰	陽陰	陽陰	陽陰	陽陰	陽陰
	貴貴	貴貴	貴貴	貴貴	貴貴	貴貴	貴貴	貴貴	貴貴	貴貴	貴貴	貴貴
甲日	卯酉	寅申	丑未	子午	亥巳	戌辰	酉卯	申寅	未丑	午子	巳亥	辰戌
乙日	寅戌	丑酉	子申	亥未	戌午	酉巳	申辰	未卯	午寅	巳丑	辰子	卯亥
丙日	丑亥	子戌	亥酉	戌申	酉未	申午	未巳	午辰	巳卯	辰寅	卯丑	寅子
丁日	亥丑	戌子	酉亥	申戌	未酉	午申	巳未	辰午	卯巳	寅辰	丑卯	子寅
戊庚	酉卯	申寅	未丑	午子	巳亥	辰戌	卯酉	寅申	丑未	子午	亥巳	戌辰
己日	戌寅	酉丑	申子	未亥	午戌	巳酉	辰申	卯未	寅午	丑巳	子辰	亥卯
辛日	申辰	未卯	午寅	巳丑	辰子	卯亥	寅戌	丑酉	子申	亥未	戌午	酉巳
壬日	未巳	午辰	巳卯	辰寅	卯丑	寅子	丑亥	子戌	亥酉	戌申	酉未	申午
癸日	巳未	辰午	卯巳	寅辰	丑卯	子寅	亥丑	戌子	酉亥	申戌	未酉	午申

◎ 表八：

太陽麒麟星到宮定局																									
		立春	雨水	驚蟄	春分	清明	穀雨	立夏	小滿	芒種	夏至	小暑	大暑	立秋	處暑	白露	秋分	寒露	霜降	立冬	小雪	大雪	冬至	小寒	大寒
月麒麟星	月麟	戌	戌	子	子	寅	寅	辰	辰	午	午	申	申	戌	戌	子	子	寅	寅	辰	辰	午	午	申	申
	太陽	子	亥	亥	戌	戌	酉	酉	申	申	未	未	午	午	巳	巳	辰	辰	卯	卯	寅	寅	丑	丑	子
時麒麟星	子時	戌	亥	丑	寅	辰	巳	未	申	戌	亥	丑	寅	辰	巳	未	申	戌	亥	丑	寅	辰	巳	未	申
	丑時	亥	子	寅	卯	巳	午	申	酉	亥	子	寅	卯	巳	午	申	酉	亥	子	寅	卯	巳	午	申	酉
	寅時	子	丑	卯	辰	午	未	酉	戌	子	丑	卯	辰	午	未	酉	戌	子	丑	卯	辰	午	未	酉	戌
	卯時	丑	寅	辰	巳	未	申	戌	亥	丑	寅	辰	巳	未	申	戌	亥	丑	寅	辰	巳	未	申	戌	亥
	辰時	寅	卯	巳	午	申	酉	亥	子	寅	卯	巳	午	申	酉	亥	子	寅	卯	巳	午	申	酉	亥	子
	巳時	卯	辰	午	未	酉	戌	子	丑	卯	辰	午	未	酉	戌	子	丑	卯	辰	午	未	酉	戌	子	丑
	午時	辰	巳	未	申	戌	亥	丑	寅	辰	巳	未	申	戌	亥	丑	寅	辰	巳	未	申	戌	亥	丑	寅
	未時	巳	午	申	酉	亥	子	寅	卯	巳	午	申	酉	亥	子	寅	卯	巳	午	申	酉	亥	子	寅	卯
	申時	午	未	酉	戌	子	丑	卯	辰	午	未	酉	戌	子	丑	卯	辰	午	未	酉	戌	子	丑	卯	辰
	酉時	未	申	戌	亥	丑	寅	辰	巳	未	申	戌	亥	丑	寅	辰	巳	未	申	戌	亥	丑	寅	辰	巳
	戌時	申	酉	亥	子	寅	卯	巳	午	申	酉	亥	子	寅	卯	巳	午	申	酉	亥	子	寅	卯	巳	午
	亥時	酉	戌	子	丑	卯	辰	午	未	酉	戌	子	丑	卯	辰	午	未	酉	戌	子	丑	卯	辰	午	未
		子年		丑年		寅年		卯年		辰年		巳年		午年		未年		申年		酉年		戌年		亥年	
		白虎	天狗	白虎	天狗	白虎	天狗	白虎	天狗	白虎	天狗	白虎	天狗	白虎	天狗	白虎	天狗	白虎	天狗	白虎	天狗	白虎	天狗	白虎	天狗
		占		占		占		占		占		占		占		占		占		占		占		占	
		申	戌	酉	亥	戌	子	亥	丑	子	寅	丑	卯	寅	辰	卯	巳	辰	午	巳	未	午	申	未	酉
		宜		宜		宜		宜		宜		宜		宜		宜		宜		宜		宜		宜	
		麟陽		麟陽		麟陽		麟陽		麟陽		麟陽		麟陽		麟陽		麟陽		麟陽		麟陽		麟陽	
		到		到		到		到		到		到		到		到		到		到		到		到	
		寅申子辰巳	辰戌寅午卯	卯酉巳丑辰	巳亥卯未寅	辰戌寅午卯	子午辰申丑	巳亥卯未寅	丑未巳酉子	子午辰申丑	寅申午戌亥	丑未巳酉子	卯酉未亥戌	寅申午戌亥	辰戌子申酉	卯酉未亥戌	巳亥丑酉申	辰戌子申酉	子午寅戌未	巳亥丑酉申	丑未卯亥午	子午寅戌未	寅申子辰巳	丑未卯亥午	卯酉丑巳辰
		制		制		制		制		制		制		制		制		制		制		制		制	

◎ 表九：

甲女	命宮	寅											
	男女宮	戌											
	夫妻宮	申											
乙女	命宮	卯											
	男女宮	亥											
	夫妻宮	酉											
丙女	命宮	巳											
	男女宮	丑											
	夫妻宮	亥											
丁女	命宮	午											
	男女宮	寅											
	夫妻宮	子											
戊女	命宮	巳											
	男女宮	丑											
	夫妻宮	亥											
己女	命宮	午											
	男女宮	寅											
	夫妻宮	子											
庚女	命宮	申											
	男女宮	辰											
	夫妻宮	寅											
辛女	命宮	酉											
	男女宮	巳											
	夫妻宮	卯											
壬女	命宮	亥											
	男女宮	未											
	夫妻宮	巳											
癸女	命宮	子											
	男女宮	申											
	夫妻宮	午											

嫁娶、女命天干		天狗 佔	白虎 佔
甲		辰年佔寅　子年佔戌　戌年佔申	午年佔寅　寅年佔戌　子年佔申
乙		巳年佔卯　丑年佔亥　亥年佔酉	未年佔卯　卯年佔亥　丑年佔酉
丙		未年佔寅　卯年佔丑　丑年佔亥	酉年佔巳　巳年佔丑　卯年佔亥
丁		申年佔午　辰年佔寅　寅年佔子	戌年佔午　午年佔寅　辰年佔子
戊		未年佔巳　卯年佔丑　丑年佔亥	酉年佔巳　巳年佔丑　卯年佔亥
己		申年佔午　辰年佔寅　寅年佔子	戌年佔午　午年佔寅　辰年佔子
庚		戌年佔申　午年佔辰　辰年佔寅	子年佔申　申年佔辰　午年佔寅
辛		亥年佔酉　未年佔巳　巳年佔卯	丑年佔酉　酉年佔巳　未年佔卯
壬		丑年佔亥　酉年佔未　未年佔巳	卯年佔亥　亥年佔未　酉年佔巳
癸		寅年佔子　戌年佔申　申年佔午	辰年佔子　子年佔申　戌年佔午

嫁娶、女命地支		白虎吞胎	天狗吞胎
子		戌年	申年
丑		未年	巳年
寅		辰年	寅年
卯		丑年	亥年
辰		戌年	申年
巳		未年	巳年
午		辰年	寅年
未		丑年	亥年
申		戌年	申年
酉		未年	巳年
戌		辰年	寅年
亥		丑年	亥年

月將吉方制白虎、天狗							
		雨水後亥	春分後戌	穀雨後酉	小滿後申	夏至後未	大暑後午
		處暑後巳	秋分後辰	霜降後卯	小雪後寅	冬至後丑	大寒後子
麒麟星方							
		立春後戌	驚蟄後子	清明後寅	立夏後辰	芒種後午	小暑後申
		立秋後戌	白露後子	寒露後寅	立冬後辰	大雪後午	小寒後申

◎ 表十：

先天胎元對照表（即陽氣、陰胎）										
生月	甲子	丙子	戊子	庚子	壬子	乙丑	丁丑	己丑	辛丑	癸丑
胎元	乙卯	丁卯	己卯	辛卯	癸卯	丙辰	戊辰	庚辰	壬辰	甲辰
生月	丙寅	戊寅	庚寅	壬寅	甲寅	丁卯	己卯	辛卯	癸卯	乙卯
胎元	丁巳	己巳	辛巳	癸巳	乙巳	戊午	庚午	壬午	甲午	丙午
生月	戊辰	庚辰	壬辰	甲辰	丙辰	己巳	辛巳	癸巳	乙巳	丁巳
胎元	己未	辛未	癸未	乙未	丁未	庚申	壬申	甲申	丙申	戊申
生月	庚午	壬午	甲午	丙午	戊午	辛未	癸未	乙未	丁未	己未
胎元	辛酉	癸酉	乙酉	丁酉	己酉	壬戌	甲戌	丙戌	戊戌	庚戌
生月	壬申	甲申	丙申	戊申	庚申	癸酉	乙酉	丁酉	己酉	辛酉
胎元	癸亥	乙亥	丁亥	己亥	辛亥	甲子	丙子	戊子	庚子	壬子
生月	甲戌	丙戌	戊戌	庚戌	壬戌	乙亥	丁亥	己亥	辛亥	癸亥
胎元	乙丑	丁丑	己丑	辛丑	癸丑	丙寅	戊寅	庚寅	壬寅	甲寅

◎ 表十一： 嫁娶神煞之概述

<table>
<tr><td>殺翁日</td><td rowspan="2">三德可解。三德即天德、月德、歲德</td></tr>
<tr><td>殺姑日</td></tr>
<tr><td colspan="2">三奇有天上三奇甲戊庚、 人中三奇壬癸辛、 地下三奇乙丙丁</td></tr>
<tr><td>驛馬之欄</td><td>以女命地支論，申子辰女驛馬為寅、卯為欄，巳酉丑女驛馬為亥、子為欄，寅午戌</td></tr>
<tr><td></td><td>女驛馬為申、酉為欄，亥卯未女驛馬為巳、午為欄</td></tr>
<tr><td colspan="2">流霞日無刃不忌（箭刃部分：上為刃、下為箭）</td></tr>
<tr><td colspan="2">滅子胎即甲女逢辰日為滅子胎，大凶不用</td></tr>
<tr><td colspan="2">父滅子胎：甲女配辰男為父滅子胎、乙女配巳男、丙女配未男……均是</td></tr>
<tr><td colspan="2">母滅子胎：甲辰女、乙巳女、庚戌女、辛亥女即是</td></tr>
<tr><td colspan="2">父滅子胎和母滅子胎可用歲德、天德、月德，或三奇（甲戊庚、乙丙丁、壬癸辛）或三合</td></tr>
<tr><td colspan="2">六合（父滅子胎看男支、母滅子胎看女命地支）或太陽填實，如甲辰女在秋分、寒露</td></tr>
<tr><td colspan="2">節氣嫁娶、太陽在辰為填實，或甲女配辰男在秋分、寒露節氣嫁娶亦是，或貴人登天時，</td></tr>
<tr><td colspan="2">或本命貴人化解</td></tr>
<tr><td colspan="2">帝后全備可化解、沖夫宮（嫁娶日）或沖命宮</td></tr>
<tr><td colspan="2">例如：甲女命宮在寅，若嫁娶日為申即為沖命宮，若用卯月甲日即是帝后全備，或子辰月</td></tr>
<tr><td colspan="2">為三合、巳月為六合皆可化解</td></tr>
<tr><td colspan="2">破碎殺：如丑女配未男、子女配午男、寅女配申男、卯女配酉男、辰女配戌男、巳女配亥男……餘仿此</td></tr>
<tr><td colspan="2">宜取天帝、天后全備可化解，或日課中有甲、戊、庚、或、乙、丙、丁，或壬、癸、辛、齊全（不必按順序）</td></tr>
<tr><td colspan="2">為三奇可化解，或貴人登天時可化解，或本命貴人化解</td></tr>
<tr><td colspan="2">註：胎元日，如乙丑女—丁卯日真胎元凶、沖胎元日如乙丑女—癸酉日正沖凶、丁酉日真沖凶</td></tr>
<tr><td colspan="2">（六十甲子女都不同，請參照剋擇講義上列表）</td></tr>
<tr><td colspan="2">紅鸞日可月三德、三奇、貴人化、天喜、納音制化，如甲子女紅鸞為卯，若用乙卯、己卯日可用</td></tr>
<tr><td colspan="2">如壬子女紅鸞卯亦是本命之堆貴可自解可用、</td></tr>
<tr><td colspan="2">又如甲寅女之紅鸞為丑，若是用丁丑日犯紅鸞，而丁丑納音屬水，可用納音屬土之天喜化解</td></tr>
<tr><td colspan="2">寅女之天喜為未（因為紅鸞、天喜乃對宮之關係），因此若四柱中有辛未納音屬土可化解</td></tr>
</table>

咸池日—正印（即女命生年干之正印）、夫星（即女命生年干之正官）、長生（即女命生年干之長生）可化解
男厄年，即女命生肖屬子（鼠）者，若用未年嫁娶則犯男厄，須化解
女產年，即女命生肖屬子（鼠）者，若用卯年嫁娶則犯女產，須化解
若在男厄年或女產年嫁娶，用天喜可制化（或三德、三奇、貴人化解）
麟即麒麟星和時麒麟星，可制化白虎日、建星白虎日、攔路虎日、天狗日、白虎吞胎
陽即是太陽，可制化天狗、白虎、白虎吞胎、父滅子胎、母滅子胎
又貴人登天亦可制化、天狗、白虎、白虎吞胎、天狗吞胎、父滅子胎、母滅子胎
反目煞若四柱中有兩字雙全，才要用三合、六合、貴人（依女命論之）化解，若只一字免化解
月厭-天德解，若男方無父親可用，或新娘進門暫避即可
厭對-月德解，若男方無母親可用，或新娘進門暫避即可
周堂值夫，婦日不宜嫁娶

◎ 表十一・一：女命嫁娶月若犯絕房殺月，可用食神有氣化解

嫁娶坤造食神有氣定局表												
年干	食神	干同旺	進貴	進祿	進馬	進生	進旺	堆貴	堆祿	堆生	堆旺	堆馬
甲	丙寅	丙	辛	甲	申子辰	丙戊	乙	亥酉	巳	寅	午	申
乙	丁亥	丁	丁丙	壬	巳酉丑	甲	癸	亥酉	午	酉	巳	巳
丙	戊戌	戊						丑未	巳	寅	午	申
丁	己酉	己	丙丁	辛		丁己	庚	子申	午	酉	巳	亥
戊	庚申	庚	乙己	庚	寅午戌	壬	辛	丑未	申	巳	酉	寅
己	辛未	辛	甲戊庚					午寅	酉	子	申	巳
庚	壬午	壬	辛	丁己		乙	丙戊	卯巳	亥	申	子	申
辛	癸巳	癸	壬癸	丙戊	亥卯未	庚	丁己	卯巳	子	卯	亥	亥
壬	甲辰	甲						丑未	寅	亥	卯	寅
癸	乙卯	乙	壬癸	乙		癸	甲	子申	卯	午	寅	巳

◎ 表十二：

		正月	二月	三月	四月	五月	六月	七月	八月	九月	十月	十一月	十二月
披 日	制化用	子	酉	午	卯	子	酉	午	卯	子	酉	午	卯
彭祖忌	凶大忌	亥	亥	亥	亥	亥	亥	亥	亥	亥	亥	亥	亥
白虎日	麟符制	午	申	戌	子	寅	辰	午	申	戌	子	寅	辰
朱雀日	鳳符制	卯	巳	未	酉	亥	丑	卯	巳	未	酉	亥	丑
建星白虎	麟符制	戌	亥	子	丑	寅	卯	辰	巳	午	未	申	酉
紅紗日	季月丑 日方忌	酉	巳	丑	酉	巳	丑	酉	巳	丑	酉	巳	丑
天賊日	取制用	辰	酉	寅	未	子	巳	戌	卯	申	丑	午	亥
月破日	凶大忌	申	酉	戌	亥	子	丑	寅	卯	辰	巳	午	未
人鬲日	忌同番 弓大凶	酉	未	巳	卯	丑	亥	酉	未	巳	卯	丑	亥
天罡勾絞	同自 縊凶	巳	子	未	寅	酉	辰	亥	午	丑	申	卯	戌
河魁勾絞	同自 縊凶	亥	午	丑	申	卯	戌	巳	子	未	寅	酉	辰
自縊		7、19	8、20	9、21	10、12	11、23	12、24	1、13、25	2、14、26	3、15、27	4、16、28	5、17、29	6、18、3
人民離	俗忌用	戊申	己酉	戊申	己酉	戊申	己酉	戊申	己酉	戊申	己酉	戊申	己酉
人民離	俗忌用	己酉	戊申	己酉	戊申	己酉	戊申	己酉	戊申	己酉	戊申	己酉	戊申
正四廢	凶大忌	庚申	辛酉	庚申	壬子	癸亥	壬子	甲寅	乙卯	甲寅	丙午	丁巳	丙午
正四廢	凶大忌	辛酉	庚申	辛酉	癸亥	壬子	癸亥	乙卯	甲寅	乙卯	丁巳	丙午	丁巳
朱雀坤	鳳符制	壬申	壬申	壬申	壬申	壬申	壬申	壬申	壬申	壬申	壬申	壬申	壬申
朱雀坤	鳳符制	辛巳	辛巳	辛巳	辛巳	辛巳	辛巳	辛巳	辛巳	辛巳	辛巳	辛巳	辛巳
朱雀坤	鳳符制	庚寅	庚寅	庚寅	庚寅	庚寅	庚寅	庚寅	庚寅	庚寅	庚寅	庚寅	庚寅
朱雀坤	鳳符制	己亥	己亥	己亥	己亥	己亥	己亥	己亥	己亥	己亥	己亥	己亥	己亥

朱雀坤	鳳符制	戊申	戊申	戊申	戊申	戊申	戊申	戊申	戊申	戊申	戊申	戊申	戊申
朱雀坤	鳳符制	丁巳	丁巳	丁巳	丁巳	丁巳	丁巳	丁巳	丁巳	丁巳	丁巳	丁巳	丁巳
翻弓日	忌同	初一	初二	初三	初四	初一	初二	初三	初四	初一	初二	初三	初四
	人隔	初五	初六	初七		初五	初六	初七		初五	初六	初七	
翻弓日	忌同	初九	初十	十一	初八	初九	初十	十一	初八	初九	初十	十一	初八
	人隔												
翻弓日	忌同	十三	十四	十五	十二	十三	十四	十五	十二	十三	十四	十五	十二
	人隔	十七	十八		十六	十七	十八		十六	十七	十八		十六
翻弓日	忌同	廿一	廿二	十九	二十	廿一	廿二	十九	二十	廿一	廿二	十九	二十
	人隔												
翻弓日	忌同	廿五	廿六	廿三	廿四	廿五	廿六	廿三	廿四	廿五	廿六	廿三	廿四
	人隔												
翻弓日	忌同	廿九	三十	廿七	廿八	廿九	三十	廿七	廿八	廿九	三十	廿七	廿八
	人隔												
自縊日	忌同	初七	初八	初九	初十	十一	十二	初一	初二	初三	初四	初五	初六
	勾絞							十三	十四	十五	十六	十七	十八
自縊日	忌同	十九	二十	廿一	廿二	廿三	廿四	廿五	廿六	廿七	廿八	廿九	三十
	勾絞												
攔路虎	麟符貼	初四	初五	初六	初七	初八	初九	初十	十一	十二	初一	初二	初三
	轄制吉	十六	十七								十三	十四	十五
攔路虎	麟符貼	廿八	廿九	十八	十九	二十	廿一	廿二	廿三	廿四	廿五	廿六	廿七
	轄制吉												
周堂殺	凶大忌	初一	初一	初一	初一	初一	初一	初一	初一	初一	初一	初一	初一
周堂殺	凶大忌	初九	初九	初九	初九	初九	初九	初九	初九	初九	初九	初九	初九
周堂殺	凶大忌	初七	初七	初七	初七	初七	初七	初七	初七	初七	初七	初七	初七

周堂殺	凶大忌	十五	十五	十五	十五	十五	十五	十五	十五	十五	十五	十五	十五
	凶大忌	十七	十七	十七	十七	十七	十七	十七	十七	十七	十七	十七	十七
周堂殺	凶大忌	廿三	廿三	廿三	廿三	廿三	廿三	廿三	廿三	廿三	廿三	廿三	廿三
周堂殺	凶大忌	廿五	廿五	廿五	廿五	廿五	廿五	廿五	廿五	廿五	廿五	廿五	廿五
八節日	大忌用	立春日			立夏日			立秋日			立冬日		
		春分日			夏至日			秋分日			冬至日		
四絕日		立春前一日			立夏前一日			立秋前一日			立冬前一日		
四離日		春分前一日			夏至前一日			秋分前一日			冬至前一日		
氣往亡日凶		立春後七日、驚蟄後十四日、清明後二十一日、立夏後八日											
		芒種後十六日、小暑後二十四日、立秋後九日、白露後十八日											
		寒露後二十七日、立冬後十日、大雪後二十日、小寒後三十日											
真滅沒日凶		朔日逢角、弦日逢虛、虛日逢鬼											
		望日逢亢、晦日逢婁、盈日逢牛											
朱雀占坤宮日無翁（即新郎之父）不忌													
有翁則要有天德化解或鳳凰日、鳳凰符制化吉													

◎ 表十三：

	正月	二月	三月	四月	五月	六月	七月	八月	九月	十月	十一月	十二月
天德	丁		壬	辛		甲	癸		丙	乙		庚
月德	丙	甲	壬	庚	丙	甲	壬	庚	丙	甲	壬	庚
天德合	壬		丁	丙		己	戊		辛	庚		乙
月德合	辛	己	丁	乙	辛	己	丁	乙	辛	己	丁	乙
月恩	丙	丁	庚	己	戊	辛	壬	癸	庚	乙	甲	辛
天喜	戌	亥	子	丑	寅	卯	辰	巳	午	未	申	酉
天對（天德黃道）	巳	未	酉	亥	丑	卯	巳	未	酉	亥	丑	卯
天帝	寅	卯	辰	巳	午	未	申	酉	戌	亥	子	丑
天后	丙	甲	壬	庚	丙	甲	壬	庚	丙	甲	壬	庚
天良	春、甲寅			夏、丙寅			秋、庚寅			冬、壬寅		
天赦	春、戊寅			夏、甲午			秋、戊申			冬、甲子		
天願	乙亥	甲戌	乙酉	丙申	丁未	戊午	己巳	庚辰	辛卯	壬寅	癸丑	甲子
天恩	甲子、乙丑、丙寅、丁卯、戊辰、己卯、庚辰、辛巳、壬午、癸未、己酉、庚戌、辛亥、壬子、癸丑											
天福	己卯、辛巳、庚申、辛酉、庚辰、己未、庚子、辛丑、己丑											
天瑞	戊寅、己卯、辛巳、庚辰、壬午											
驛馬	申	巳	寅	亥	申	巳	寅	亥	申	巳	寅	亥
三合	午 戌	未 亥	子 申	丑 酉	寅 戌	卯 亥	子 辰	丑 巳	寅 午	卯 未	辰 申	巳 酉
五合	寅日　　卯日											
六合	亥	戌	酉	申	未	午	巳	辰	卯	寅	丑	子
生氣	子	丑	寅	卯	辰	巳	午	未	申	酉	戌	亥
吉慶	酉	寅	亥	辰	丑	午	卯	申	巳	戌	未	子
吉期	卯	辰	巳	午	未	申	酉	戌	亥	子	丑	寅

<table>
<tr><td>龍德</td><td>寅</td><td>卯</td><td>辰</td><td>巳</td><td>午</td><td>未</td><td>申</td><td>酉</td><td>戌</td><td>亥</td><td>子</td><td>丑</td></tr>
<tr><td>福德</td><td>辰</td><td>巳</td><td>午</td><td>未</td><td>申</td><td>酉</td><td>戌</td><td>亥</td><td>子</td><td>丑</td><td>寅</td><td>卯</td></tr>
<tr><td>陽德</td><td>戌</td><td>子</td><td>寅</td><td>辰</td><td>午</td><td>申</td><td>戌</td><td>子</td><td>寅</td><td>辰</td><td>午</td><td>申</td></tr>
<tr><td>時德</td><td colspan="3">春、午</td><td colspan="3">夏、辰</td><td colspan="3">秋、子</td><td colspan="3">冬、寅</td></tr>
<tr><td>玉堂</td><td>未</td><td>酉</td><td>亥</td><td>丑</td><td>卯</td><td>巳</td><td>未</td><td>酉</td><td>亥</td><td>丑</td><td>卯</td><td>巳</td></tr>
<tr><td>玉宇</td><td>卯</td><td>酉</td><td>辰</td><td>戌</td><td>巳</td><td>亥</td><td>午</td><td>子</td><td>未</td><td>丑</td><td>申</td><td>寅</td></tr>
<tr><td>益后</td><td>子</td><td>午</td><td>丑</td><td>未</td><td>寅</td><td>申</td><td>卯</td><td>酉</td><td>辰</td><td>戌</td><td>巳</td><td>亥</td></tr>
<tr><td>續世</td><td>丑</td><td>未</td><td>寅</td><td>申</td><td>卯</td><td>酉</td><td>辰</td><td>戌</td><td>巳</td><td>亥</td><td>午</td><td>子</td></tr>
<tr><td>金匱</td><td>辰</td><td>午</td><td>申</td><td>戌</td><td>子</td><td>寅</td><td>辰</td><td>午</td><td>申</td><td>戌</td><td>子</td><td>寅</td></tr>
<tr><td>金堂</td><td>辰</td><td>戌</td><td>巳</td><td>亥</td><td>午</td><td>子</td><td>未</td><td>丑</td><td>申</td><td>寅</td><td>酉</td><td>卯</td></tr>
<tr><td>寶光</td><td>巳</td><td>未</td><td>酉</td><td>亥</td><td>丑</td><td>卯</td><td>巳</td><td>未</td><td>酉</td><td>亥</td><td>丑</td><td>卯</td></tr>
<tr><td>青龍</td><td>子</td><td>寅</td><td>辰</td><td>午</td><td>申</td><td>戌</td><td>子</td><td>寅</td><td>辰</td><td>午</td><td>申</td><td>戌</td></tr>
<tr><td>要安</td><td>寅</td><td>申</td><td>卯</td><td>酉</td><td>辰</td><td>戌</td><td>巳</td><td>亥</td><td>午</td><td>子</td><td>未</td><td>丑</td></tr>
<tr><td>敬安</td><td>未</td><td>丑</td><td>申</td><td>寅</td><td>酉</td><td>卯</td><td>戌</td><td>辰</td><td>亥</td><td>巳</td><td>子</td><td>午</td></tr>
<tr><td>普護</td><td>申</td><td>寅</td><td>酉</td><td>卯</td><td>戌</td><td>辰</td><td>亥</td><td>巳</td><td>子</td><td>午</td><td>丑</td><td>未</td></tr>
<tr><td rowspan="2">母倉</td><td colspan="3" rowspan="2">春、亥子</td><td colspan="3" rowspan="2">夏、寅卯</td><td colspan="3">秋、辰戌</td><td colspan="3" rowspan="2">冬、申酉</td></tr>
<tr><td colspan="3">丑未</td></tr>
<tr><td>四相</td><td colspan="3">春、丙丁</td><td colspan="3">夏、戊己</td><td colspan="3">秋、壬癸</td><td colspan="3">冬、甲乙</td></tr>
<tr><td>三奇</td><td colspan="4">天三奇、甲戊庚</td><td colspan="4">人三奇、壬癸辛</td><td colspan="4">地三奇、乙丙丁</td></tr>
<tr><td colspan="13"></td></tr>
</table>

	正月	二月	三月	四月	五月	六月	七月	八月	九月	十月	十一月	十二月
不將吉日（嫁娶良日）	丙寅	乙丑	甲子	甲子	癸酉	壬申	壬申	戊辰	戊辰	己巳	丁卯	丙寅
	丁卯	丙寅	乙丑	甲戌	甲戌	壬戌	癸酉	辛未	庚午	庚午	己巳	丁卯
	丙子	乙亥	甲戌	乙亥	乙亥	癸酉	壬午	壬申	辛未	己卯	丁丑	丙子
	丁丑	丙子	乙亥	丙子	癸未	甲戌	癸未	戊午	庚辰	庚辰	己卯	丁丑
	己卯	丁丑	丙子	甲申	甲申	壬午	甲申	辛巳	辛巳	辛巳	庚辰	己卯
	丁亥	丙戌	丁丑	乙酉	乙酉	癸未	乙酉	壬午	壬午	壬午	辛巳	庚辰
	己丑	丁亥	乙酉	丙戌	丙戌	甲申	癸巳	癸未	癸未	庚寅	己丑	己丑
	庚寅	己丑	丙戌	丁亥	乙未	乙酉	甲午	甲申	辛卯	辛卯	庚寅	庚寅
	辛卯	庚寅	丁亥	戊子	丙申	乙未	乙未	壬辰	壬辰	壬辰	辛卯	辛卯
	己亥	己亥	己丑	丙申	戊戌	甲午	乙巳	癸巳	癸巳	癸巳	壬辰	庚子
	庚子	庚子	丁酉	丁酉	戊申	戊戌	戊申	甲午	癸卯	壬寅	辛丑	辛丑
	辛丑	庚戌	己亥	戊戌	癸亥	戊申	戊午	甲辰	戊午	癸卯	壬寅	丙辰
	辛亥		己酉	戊申		戊午		戊申			丁巳	
季分吉日（嫁娶良日）	壬午	戊子	戊寅	乙卯	乙丑	乙卯	丙子	乙丑	己卯	丁卯	戊辰	戊寅
	戊子	乙未	壬寅	己卯	丁丑	戊寅	壬子	丁丑	己巳	辛未	甲辰	壬寅
	丙午	癸丑	甲寅	丁卯	己丑	庚辰	丙辰	己丑	丙午	戊辰	丙辰	甲寅
	壬子		丁卯	辛卯	辛丑	己未	己未	癸丑	己未	丁未		戊辰
	辛未		己卯	癸卯	癸丑			己巳		乙卯		己巳
	乙未		庚午									癸巳
	乙卯											乙卯
	癸卯											
顯星	四孟月	丙子	甲午	壬子	四仲月	乙亥	癸巳	辛亥	四季月	甲戌	壬辰	庚戌
	丁卯	乙酉	癸卯	辛酉	丙寅	甲申	壬寅	庚申	乙丑	癸未	辛丑	己未

曲星	四孟月	丁丑	乙未	癸丑	四仲月	丙子	甲午	壬子	四季月	乙亥	癸巳	辛亥
	戊辰	丙戌	甲辰	壬戌	丁卯	乙酉	癸卯	辛酉	丙寅	甲申	壬寅	庚申
傳星	四孟月	庚辰	戊戌	丙辰	四仲月	己卯	丁酉	乙卯	四季月	戊寅	丙申	癸亥
	辛未	己丑	丁未		庚午	戊子	丙午		己巳	丁亥	乙巳	甲寅
上吉日（大明日）	辛未	壬申	癸酉	己卯	壬午	甲申	壬寅	甲辰	丙午	己酉	庚戌	丙辰
	己未	庚申	辛酉									
	四孟月即正、四、七、十月											
	四仲月即二、五、八、十一月											
	四季月即三、六、九、十二月											
	春季即正、二、三月逢井宿，夏季即四、五、六月逢尾宿											
	秋季即七、八、九月逢牛宿，冬季即十、十一、十二月逢壁宿											
	為麒麟宿日可制白虎											
	春季即正、二、三月逢危宿，夏季即四、五、六月逢昴宿											
	秋季即七、八、九月逢胃宿，冬季即十、十一、十二月逢畢宿											
	為鳳凰日可制朱雀											

◎ 表十四：

天干	年月日時									
女命	甲	乙	丙	丁	戊	己	庚	辛	壬	癸
甲命	比肩	劫財	食神	傷官	偏財	正財	七殺	正官	偏印	正印
乙命	劫財	比肩	傷官	食神	正財	偏財	正官	七殺	正印	偏印
丙命	偏印	正印	比肩	劫財	食神	傷官	偏財	正財	七殺	正官
丁命	正印	偏印	劫財	比肩	傷官	食神	正財	偏財	正官	七殺
戊命	七殺	正官	偏印	正印	比肩	劫財	食神	傷官	偏財	正財
己命	正官	七殺	正印	偏印	劫財	比肩	傷官	食神	正財	偏財
庚命	偏財	正財	七殺	正官	偏印	正印	比肩	劫財	食神	傷官
辛命	正財	偏財	正官	七殺	正印	偏印	劫財	比肩	傷官	食神
壬命	食神	傷官	偏財	正財	七殺	正官	偏印	正印	比肩	劫財
癸命	傷官	食神	正財	偏財	正官	七殺	正印	偏印	劫財	比肩

◎ 表十五：

嫁娶日房中禮席、宜用當月之天德方和月德方吉
嫁娶日若逢伏斷凶日可用顯星、曲星、傅星化解
伏斷日凶：子日逢虛宿、丑日逢斗宿、寅日逢室宿
卯日逢女宿、辰日逢箕宿、巳日逢房宿
午日逢角宿、未日逢張宿、申日逢鬼宿
酉日逢觜宿、戌日逢胃宿、亥日逢壁宿

◎ 表十六：

論傷官一名剋夫	有制為傷官
	無制為剋夫
傷官不可例言凶	有制還須衣祿豐
課若逢財多稱羨	正印遇者壽如松
四柱中如犯傷官，宜就柱中取正財以脫之，取正印以制之則可	
苟如陽女以偏印化之、陰女以七殺合之，謂之合化妄剋亦可用	
偏印論一名剋子星	有制為偏印
	無制為梟印
偏印號為剋子星	多生少養遭傷悲
格中若得財和比	何愁兒女不相宜
柱中犯偏印，如陽女取正財偏財制之，比肩劫財脫之，傷官合之	
陰女取正財化之，比肩劫財脫之，偏財制	
所取制之干，則不宜合，合化之干不能剋制	
七殺論一名偏官	有制曰偏官
	無制曰七殺
偏官有制化為權	壹仁解厄喜團圓
偏官即七殺，剋中雖獨殺宜取一仁解也，仁者印也，食神制化	
若陰女傷官合化、陽女劫財合化，如兩殺齊見，宜取雙制，或雙化	
官殺兩見一名官殺紛雜	
真官獨現性情純	如雜七殺剋便紛
法取去殺當留官	官如重露去一存

◎ 表十六・一：

大月				周堂飛值	吉凶與化解之法	白虎值月	制化方法
1	9	17	25	夫	此日大凶不用，頗有明驗	灶	麟符貼灶
2	10	18	26	姑	出外暫避，新娘入房即可回	堂	麟符貼堂
3	11	19	27	堂	新娘三天後，登堂吉	床	麟符貼床
4	12	20	28	翁	堂上行禮拜祖先，暫避即可	死	免用麟符
5	13	21	29	第	公侯大官之第，尋常百姓無關	睡	麟符貼床，忌放炮竹
6	14	22	30	灶	新娘入門，廚房門遮掩勿見	門	麟符貼門
7	15	23		婦	此日大凶不用，頗有明驗	路	麟符貼轎
8	16	24		廚	新娘進門，廚房門遮掩勿見	廚	麟符貼灶
小月				周堂飛值	吉凶與化解之法	白虎值月	制化方法
1	9	17	25	婦	此日大凶不用，頗有明驗	廚	麟符貼灶
2	10	18	26	灶	新娘入門，廚房門遮掩勿見	路	麟符貼轎
3	11	19	27	第	公侯大官之第，尋常百姓無關	門	麟符貼門
4	12	20	28	翁	堂上行禮拜祖先，暫避即可	睡	麟符貼床，忌放炮竹
5	13	21	29	堂	新娘三天後，登堂吉	死	麟符免用
6	14	22		姑	出外暫避，新娘入房即可回	床	麟符貼床
7	15	23		夫	此日大凶不用，頗有明驗	堂	麟符貼堂
8	16	24		廚	新娘進門，廚房門遮掩勿見	灶	麟符貼灶

周堂飛值為夫、婦日，不宜嫁娶

第十節 安床擇日吉凶一覽表

◎ 表十七：

安床、坐向擇日哪些日可用、哪些日不可用													
安床、坐向注意事項：													
1、床的坐向													
2、男女主人的殺方。例：寅午戌殺「丑」坐北方不宜安床位。													
3、安床後要禁房（到別間房睡） ※嫁娶用													
4、沖男、女生肖日，申日不安床													
安床	**忌例**	**正**	**二**	**三**	**四**	**五**	**六**	**七**	**八**	**九**	**十**	**十一**	**十二**
月破	大凶	申	酉	戌	亥	子	丑	寅	卯	辰	巳	午	未
臥尸（漳）		酉	申	未	午	巳	辰	卯	寅	丑	子	亥	戌
臥尸（泉）		子	酉	未	申	巳	辰	卯	寅	丑	午	戌	亥
受死	大忌	戌	辰	亥	巳	子	午	丑	未	寅	申	卯	酉
死別		戌	戌	戌	丑	丑	丑	辰	辰	辰	未	未	未
離巢	三合主用	辰	丑	戌	未	卯	子	酉	午	寅	亥	申	巳
天賊	明星制	辰	酉	寅	未	子	巳	戌	卯	申	丑	午	亥
彭祖忌	大忌	申	申	申	申	申	申	申	申	申	申	申	申
正四廢	忌	庚申	辛酉	庚申	壬子	癸亥	壬子	甲寅	乙卯	甲寅	丙午	丁巳	丙午
正四廢	忌	辛酉	庚申	辛酉	癸亥	壬子	癸亥	乙卯	甲寅	乙卯	丁巳	丙午	丁巳
木馬斧殺	忌	巳辰	未辰	酉辰	申未	戌未	子未	亥戌	丑戌	卯戌	寅丑	辰丑	午丑
魯班刀砧	忌造床	亥子	亥子	亥子	寅卯	寅卯	寅卯	巳午	巳午	巳午	申酉	申酉	申酉
四離絕日	大忌	立春		前一日	立夏		前一日	立秋		前一日	立冬		前一日
	勿用	春分		前一日	夏至		前一日	秋分		前一日	冬至		前一日

真滅沒	大忌	朔日 逢角			弦日 逢虛			虛日 逢鬼			大凶不用		
	勿用	望日 逢亢			晦日 逢婁			盈日 逢牛			切忌勿犯		
朱雀乾	鳳符制	丁卯	丁卯	丁卯	丁卯	丁卯	丁卯	丁卯	丁卯	丁卯	丁卯	丁卯	丁卯
朱雀乾	鳳符制	丙子	丙子	丙子	丙子	丙子	丙子	丙子	丙子	丙子	丙子	丙子	丙子
朱雀乾	鳳符制	乙酉	乙酉	乙酉	乙酉	乙酉	乙酉	乙酉	乙酉	乙酉	乙酉	乙酉	乙酉
朱雀乾	鳳符制	甲午	甲午	甲午	甲午	甲午	甲午	甲午	甲午	甲午	甲午	甲午	甲午
朱雀乾	鳳符制	癸卯	癸卯	癸卯	癸卯	癸卯	癸卯	癸卯	癸卯	癸卯	癸卯	癸卯	癸卯
朱雀乾	鳳符制	壬子	壬子	壬子	壬子	壬子	壬子	壬子	壬子	壬子	壬子	壬子	壬子
朱雀乾	鳳符制	辛酉	辛酉	辛酉	辛酉	辛酉	辛酉	辛酉	辛酉	辛酉	辛酉	辛酉	辛酉
陽差日	俗忌	庚戌	乙卯	甲辰	丁未	丙午	丁巳	甲辰	乙卯	甲寅	癸亥	壬子	癸亥
陰錯日	俗忌	甲寅	辛酉	庚申	丁巳	丙午	丁未	庚申	辛酉	庚戌	癸丑	壬子	癸丑
火星日	俗忌	乙丑	甲子	壬申	乙丑甲戌	甲子	壬申	乙丑	甲子	壬申	乙丑辛丑	甲子	壬申
火星日	俗忌	甲戌	癸酉	辛巳	癸未	壬午戊午	辛巳	甲戌庚戌	癸酉	辛巳	甲戌	癸酉	辛巳
火星日	俗忌	癸未己未	壬午	庚寅	壬辰	癸酉	庚寅	癸未	壬午戊午	庚寅	癸未	壬午	庚寅
火星日	俗忌	壬辰	辛卯	己亥	辛丑	辛卯	己亥	壬辰	辛卯	己亥	壬辰	辛卯庚子	己亥
火星日	俗忌	庚戌	庚子己酉	戊申	庚戌	庚子	戊申	辛丑	庚子	戊申	庚戌	己酉	戊申
火星日	俗忌	辛丑	戊午	丁巳	己未	己酉	丁巳	己未	己酉	丁巳	己未	戊午	丁巳

◎ 表十八：

安床吉星		正	二	三	四	五	六	七	八	九	十	十一	十二
天德日	○	丁		壬	辛		甲	癸		丙	乙		庚
月德日	○	丙	甲	壬	庚	丙	甲	壬	庚	丙	甲	壬	庚
天喜	○	戌	亥	子	丑	寅	卯	辰	巳	午	未	申	酉
益後	○	子	午	丑	未	寅	申	卯	酉	辰	戌	巳	亥
續世	○	丑	未	寅	申	卯	酉	辰	戌	巳	亥	午	子
生氣	○	子	丑	寅	卯	辰	巳	午	未	申	酉	戌	亥
三合	○	午戌	亥未	申子	酉丑	寅戌	亥卯	子辰	巳丑	寅午	卯未	申辰	巳酉
六合	○	亥	戌	酉	申	未	午	巳	辰	卯	寅	丑	子
金匱	○	辰	午	申	戌	子	寅	辰	午	申	戌	子	寅
青龍	○	子	寅	辰	午	申	戌	子	寅	辰	午	申	戌
成日	○	戌	亥	子	丑	寅	卯	辰	巳	午	未	申	酉
開日	○	子	丑	寅	卯	辰	巳	午	未	申	酉	戌	亥
危日	○	酉	戌	亥	子	丑	寅	卯	辰	巳	午	未	申
母倉	○	亥子	亥子	巳午	寅卯	寅卯	巳午	辰戌丑未		巳午	申酉	申酉	巳午
五合	○	寅卯日即是每月相同											
要安	○	寅	申	卯	酉	辰	戌	巳	亥	午	子	未	丑
吉慶	○	酉	寅	亥	辰	丑	午	卯	申	巳	戌	未	子
福生	○	酉	卯	戌	辰	亥	巳	子	午	丑	未	寅	申
安床凶方年支		子	丑	寅	卯	辰	巳	午	未	申	酉	戌	亥
喪門凶方		寅	卯	辰	巳	午	未	申	酉	戌	亥	子	丑
白虎凶方		申	酉	戌	亥	子	丑	寅	卯	辰	巳	午	未
天狗凶方		戌	亥	子	丑	寅	卯	辰	巳	午	未	申	酉

<table>
<tr><td>病符凶方</td><td></td><td>亥</td><td>子</td><td>丑</td><td>寅</td><td>卯</td><td>辰</td><td>巳</td><td>午</td><td>未</td><td>申</td><td>酉</td><td>戌</td></tr>
<tr><td colspan="14">安床日不可沖陽氣陰胎，俗忌與嫁娶日相沖大凶勿用</td></tr>
<tr><td>埋兒凶時</td><td>ㄨ</td><td colspan="4">子午卯酉女忌丑時</td><td colspan="4">寅申巳亥女忌申時</td><td colspan="4">辰戌丑未女忌卯時</td></tr>
<tr><td>埋兒凶宿日</td><td>ㄨ</td><td colspan="12">心 昴 箕 婁 奎 尾 參 危 宿 （28星宿）</td></tr>
<tr><td>女命生年干</td><td></td><td>甲</td><td>乙</td><td>丙</td><td>丁</td><td>戊</td><td>己</td><td>庚</td><td>辛</td><td>壬</td><td>癸</td><td></td><td></td></tr>
<tr><td>滅子胎日</td><td>ㄨ</td><td>辰</td><td>巳</td><td>未</td><td>申</td><td>未</td><td>申</td><td>戌</td><td>亥</td><td>丑</td><td>寅</td><td></td><td></td></tr>
</table>

❖第五章❖

一般要營造房屋要如何擇日

第一節　豎造動土擇日催財要訣

1、豎造即包括：動土、起基、上樑、安門……等，即是要建房屋，有很多事項是要特別注意的。

（正確的豎造動土擇日是必須篩選很多條件，諸如共用資料表A及表B，及本章第四節的表十九至表二十之所有條件都需考慮用到。）

2、在此簡單介紹動土方面需注意事項：

（1）要看主事者本命年柱，三殺、六沖不用，回頭貢殺三字全不用。請查閱共用資料【表A】。

（2）細查座山有沒有動土，地兵庚時勿用。

（3）土王用事，至四立前勿用。逢戊己日更凶。

（4）天燥火、火星，要吉星制。

（5）月家、日家、朱雀、白虎逢宜制化。

（6）取本命祿馬、貴人或三合、六合，或顯、曲、傅星到（當然還有很多吉凶星，無法完全敘述）。

（7）能配合二十八星宿的吉星更佳。

東方七宿吉星──角、房、尾、箕。

西方七宿吉星──婁、胃、畢、參。

南方七宿吉星──井、張、軫。

北方七宿吉星──斗、牛、室、壁。

（8）再配合：建、除、滿、平、定、執、破、危、成、收、開、閉之吉星（看每月、月建之吉凶星）。

有顯星吉日——書曰：凡造作、嫁娶開店、移居、上官、多增田地，凡事順利，有貴子、貴人扶助。所為多吉，進財。

第二節　一般豎造必須慎選之條件表格

在第五章第一節、第二節、第三節的舉例中為什麼能選出豎造日，其實是經過許許多多的關煞一一篩選而挑出的，以下的表十九至表二十就是一般豎造擇日所必須一一核對的關煞及吉凶方位，如果是凶日必須一一剔除，這些表格就不用背了，用查的就可以啦。

以下二表顯示本命年之天元、地元、人元所標列出之日與時，皆為忌勿用，還需配合主事者之各種條件才行。

◎ 表十九：

造忌例											
三元官符：忌日時											
本命	天元	地元	人元	本命	天元	地元	人元	本命	天元	地元	人元
甲子	壬辰	庚午	戊午	甲申	壬辰	丙寅	戊寅	甲辰	壬辰	庚戌	壬戌
乙丑	己卯	丁未	己未	乙酉	己卯	己卯	己卯	乙巳	己卯	乙亥	癸亥
丙寅	甲寅	壬申	甲申	丙戌	甲寅	庚辰	戊辰	丙午	甲寅	戊子	庚子
丁卯	辛丑	丁酉	乙酉	丁亥	辛丑	乙巳	己巳	丁未	辛丑	辛丑	辛丑
戊辰	丙子	戊戌	庚戌	戊子	丙子	戊午	丙午	戊申	丙子	壬寅	庚寅
己巳	辛亥	辛亥	辛亥	己丑	辛亥	辛未	丁未	己酉	辛亥	丁卯	辛卯
庚午	甲戌	甲子	壬子	庚寅	甲戌	庚申	壬申	庚戌	甲戌	戊辰	甲辰
辛未	癸酉	己丑	癸丑	辛卯	癸酉	癸酉	癸酉	辛亥	癸酉	辛巳	乙巳
壬申	丙申	庚寅	丙寅	壬辰	丙申	壬戌	丙戌	壬子	丙申	甲午	甲午
癸酉	丁巳	癸卯	丁卯	癸巳	丁巳	己亥	丁亥	癸丑	丁巳	己未	乙未
甲戌	壬辰	壬辰	壬辰	甲午	壬辰	壬子	戊子	甲寅	壬辰	甲申	戊申
乙亥	己卯	己巳	癸巳	乙未	己卯	乙丑	己丑	乙卯	己卯	辛酉	己酉
丙子	甲寅	壬午	庚午	丙申	甲寅	甲寅	甲寅	丙辰	甲寅	丙戌	戊戌
丁丑	辛丑	乙未	辛未	丁酉	辛丑	辛卯	乙卯	丁巳	辛丑	癸亥	己亥
戊寅	丙子	戊申	庚申	戊戌	丙子	丙辰	庚辰	戊午	丙子	丙子	丙子
己卯	辛亥	乙酉	辛酉	己亥	辛亥	癸巳	辛巳	己未	辛亥	癸丑	丁丑
庚辰	甲戌	甲戌	甲戌	庚子	甲戌	丙午	壬午	庚申	甲戌	戊寅	壬寅
辛巳	癸酉	丁亥	乙亥	辛丑	癸酉	癸未	癸未	辛酉	癸酉	乙卯	癸卯
壬午	丙申	庚子	甲子	壬寅	丙申	丙申	丙申	壬戌	丙申	甲辰	丙辰
癸未	丁巳	丁丑	乙丑	癸卯	丁巳	己酉	丁酉	癸亥	丁巳	丁巳	丁巳

◎ 表二十：

造宜用															
造															
依年干	宜	甲	乙	丙	丁	戊	己	庚	辛	壬	癸				
歲德	○	甲	庚	丙	壬	戊	甲	庚	丙	壬	戊				
歲德合	○	己	乙	辛	丁	癸	己	乙	辛	丁	癸				
依月令		正	貳	參	肆	伍	陸	柒	捌	玖	拾	拾壹	拾貳		
金堂吉日	○	辰	戌	巳	亥	午	子	未	丑	申	寅	酉	卯		
依年支		子	丑	寅	卯	辰	巳	午	未	申	酉	戌	亥		
枝德日	○	巳	午	未	申	酉	戌	亥	子	丑	寅	卯	辰		
飛天赦	吉	正	貳	參	肆	伍	陸	柒	捌	玖	拾	拾壹	拾貳		
甲己之年	一卦管三山	艮	兑	乾	震	坤	坎	中	巽	震	離	艮	兑		
乙庚之年		中	坎	離	離	艮	兑	坤	坎	離	乾	中	巽		
丙辛之年		艮	兑	乾	乾	中	坎	艮	兑	乾	震	坤	坎		
丁壬之年		中	巽	震	離	艮	兑	中	坎	離	離	艮	兑		
戊癸之年		坤	坎	離	乾	中	巽	艮	兑	乾	乾	中	坎		
造忌	忌	破日、受死、正四廢、真滅沒、四離日、四絕日、天賊、地賊在開市忌例中													
	忌	日、月蝕日、天火、土府、土符、土瘟、地囊、冰消瓦碎、天瘟在動土忌例中													
	忌	火星、冰消瓦解在上樑 柱忌例中，瓦陷、地柱、魯班刀砧在起基忌例中													
造	忌	正	貳	參	肆	伍	陸	柒	捌	玖	拾	拾壹	拾貳		
建日	X	寅	卯	辰	巳	午	未	申	酉	戌	亥	子	丑		

倒家殺	X	甲己年庚午日、丙辛年戊戌日、戊癸年甲寅日、乙庚年甲申日、丁壬年壬子日
羅天退日	Δ	初一逢子、初三逢未、初五逢午、初九逢酉、十一逢卯、十三逢寅、十七逢丑、廿一逢子、
		廿五逢戌、廿七逢卯、廿九逢申
無祿	Δ	甲辰、乙巳、丙申、丁亥、戊戌、己丑、庚辰、辛巳、壬申、癸亥日

真天赦	吉	正	二	三	四	五	夏至	六	七	八	九	十	十一	冬至	十二
甲己之年	一卦管三山（論方位）	艮	兌	乾	震	坤	艮	離	中	乾	兌	坎	坤	艮	兌
乙庚之年		中	坎	離	離	艮	坤	震	艮	離	坎	巽	中	中	巽
丙辛之年		艮	兌	乾	乾	中	中	離	坤	震	巽	兌	艮	坤	坎
丁壬之年		中	巽	震	離	艮	坤	震	中	離	坎	坎	坤	艮	兌
戊癸之年		坤	坎	離	乾	中	中	乾	坤	震	巽	巽	中	中	坎

月吉神		正	二	三	四	五	六	七	八	九	十	十一	十二
月解神		申	酉	戌	亥	子	丑	寅	卯	辰	巳	午	未
皇恩赦		戌	丑	辰	未	酉	卯	子	午	亥	寅	巳	申
天解神		申	戌	子	寅	辰	午	申	戌	子	寅	辰	午
地解神		申	申	酉	酉	戌	戌	亥	亥	午	午	未	未
外解神		子	巳	辰	申	子	巳	辰	申	子	巳	辰	申
天赦神		戌	丑	辰	未	戌	丑	辰	未	戌	丑	辰	未
喝散神		巳	巳	巳	申	申	申	亥	亥	亥	寅	寅	寅

真天官符	凶	正	二	三	四	五	夏至	六	七	八	九	十	十一	冬至	十二
申子辰年		中	巽	震	坤	坎	離	坎	坤	震	巽	中	離	坎	離
巳酉丑年		坤	坎	離	艮	兌	震	巽	中	離	坎	坤	震	兌	乾
寅午戌年		艮	兌	乾	中	坎	離	坎	坤	震	巽	中	乾	巽	震
亥卯未年		中	坎	離	艮	兌	震	巽	中	乾	兌	艮	離	坎	離

真地官符	凶	正	二	三	四	五	夏至	六	七	八	九	十	十一	冬至	十二
子年		兌	乾	中	坎	離	坎	坤	震	巽	中	乾	兌	震	坤
丑年		艮	兌	乾	中	坎	離	坎	坤	震	巽	中	乾	巽	震
寅年		離	艮	兌	乾	中	中	離	坎	坤	震	巽	中	中	巽
卯年		坎	離	艮	兌	乾	巽	中	離	坎	坤	震	巽	乾	中
辰年		坤	坎	離	艮	兌	震	巽	中	離	坎	坤	震	兌	乾
巳年		震	坤	坎	離	艮	坤	震	巽	中	離	坎	坤	艮	兌
午年		巽	震	坤	坎	離	坎	坤	震	巽	中	離	坎	離	艮
未年		中	巽	震	坤	坎	離	坎	坤	震	巽	中	離	坎	離
申年		乾	中	巽	震	坤	艮	離	坎	坤	震	巽	中	中	坎
酉年		兌	乾	中	巽	震	兌	艮	離	坎	坤	震	巽	乾	中
戌年		中	坎	離	艮	兌	震	巽	中	乾	兌	艮	離	坎	離
亥年		乾	中	坎	離	艮	坤	震	巽	中	乾	兌	艮	坤	坎
飛解神	吉	正	二	三	四	五	六	七	八	九	十	十一	十二		
子年	論方位一卦管三山	巽	中	乾	兌	中	乾	兌	艮	離	坎	坤	震		
丑年		震	巽	中	乾	兌	中	乾	兌	艮	離	坎	坤		
寅年		坤	震	巽	中	乾	兌	中	乾	兌	艮	離	坎		
卯年		坎	坤	震	巽	中	乾	兌	中	乾	兌	艮	離		
辰年		離	坎	坤	震	巽	中	乾	兌	中	乾	兌	艮		
巳年		艮	離	坎	坤	震	巽	中	乾	兌	中	乾	兌		
午年		兌	艮	離	坎	坤	震	巽	中	乾	兌	中	乾		
未年		乾	兌	艮	離	坎	坤	震	巽	中	乾	兌	艮		
申年		中	乾	兌	艮	離	坎	坤	震	巽	中	乾	兌		
酉年		兌	中	乾	兌	艮	離	坎	坤	震	巽	中	乾		
戌年		乾	兌	中	乾	兌	艮	離	坎	坤	震	巽	中		
亥年		中	乾	兌	中	乾	兌	艮	離	坎	坤	震	巽		

內解神	吉	正	二	三	四	五	六	七	八	九	十	十一	十二		
甲己之年		申	申	寅	寅	酉	酉	卯	卯	巳	巳	申	申		
乙庚之年		寅	寅	酉	酉	卯	卯	巳	巳	申	申	寅	寅		
丙辛之年	論日課	酉	酉	卯	卯	巳	巳	申	申	寅	寅	酉	酉		
丁壬之年		卯	卯	巳	巳	申	申	寅	寅	酉	酉	卯	卯		
戊癸之年		巳	巳	申	申	寅	寅	酉	酉	卯	卯	巳	巳		

❖第六章❖

起基、上樑、修造要如何擇日

在一般社會習俗中，遇上要蓋房子之時，起基、上樑就顯得很重要，大都蠻慎重的。不管私人或公家機關大概都會擇吉日良時來起基、上樑以求吉利，以下所選之日子就是運用古傳所留下的上樑、起基方法選擇出最佳的日子及時辰，請遵守表中各項注意事項進行。

（正確的上樑、修造擇日是必須篩選很多條件，諸如共用資料表A及表B、第五章第四節的表十九至表二十，及本章第五節的表二十一至表二十四之所有條件都需用到。）

第一節　起基、上樑擇日條件

1、以主事者之生辰八字不沖剋為第一考量重點。

2、再以房屋坐向不沖剋為第二考量重點。

3、再以起基、上樑之年月份來配合挑選最佳日子。

4、接續以起基、上樑之各項「吉、凶」忌例為擇日重點。

5、一定要考量與本命六沖、三殺、三刑、官符、六害、箭刃、回頭貢煞等日子均不可用。

6、運用通書吉神、凶神、黃道吉神、黑道凶神等等吉凶時表來選擇最佳時辰。

7、最後運用「奇門遁甲」最佳方位法輔助來達成吉日良時成功圓滿。

◎ 舉例說明：

座山：坐丑向未兼艮坤（用辛丑土分金）

主事：庚戌生

眷屬：戊寅生

由本章第三節通書圖七顯示農曆十月二十日丁卯日有上樑的日子

★ 看法：

沖山兼艮忌：未年月日時【共用資料B】中的丑山不用

坐丑山屬北：三殺忌寅午戌年月日時不用

主事：庚戌年六沖辰日，三殺丑日不用【共用資料A】

眷屬：戊寅年六沖申日，不用

回頭貢殺忌亥卯未全

三刑忌：丑未

箭刃忌：卯酉

官符忌：辛巳

六害忌：乙酉

再參閱第六章第五節的表二十一及表二十二

經以上種種條件考慮所選出的日子及時辰如下表，請參考行事，祝一切平安順利。

◎ 表一：

<table>
<tr><td>巳日</td><td>午日</td><td>未日</td><td>申日</td></tr>
<tr><td></td><td>三殺</td><td>沖山</td><td>眷屬</td></tr>
<tr><td>辰日</td><td colspan="2" rowspan="4">坐丑向未兼艮坤
用辛丑土分金
主事：庚戌生
眷屬：戊寅生
可用十月二十丁卯日巳時</td><td>酉日</td></tr>
<tr><td>主事</td><td></td></tr>
<tr><td>卯日</td><td>戌日</td></tr>
<tr><td></td><td>三殺</td></tr>
<tr><td>寅日</td><td>丑日</td><td>子日</td><td>亥日</td></tr>
<tr><td>三殺</td><td>三殺日</td><td></td><td></td></tr>
</table>

第二節　修造吉課行事表

小姐

修造吉課

吉屋	本年	主事者年次	家屬
坐西向東　酉山	大利東西　不利南方	乙丑	

◎茲依先賢諸家之訣擇吉如次：

修造

擇於國曆97年03月27日

農曆97年02月20日午時

沖29歲猴、01 61歲鼠之人避吉

步驟

一、擇日　二、大利方動工

該時辰之奇門遁甲方位在：西北方

吉日良時四柱課局

年	月	日	時
戊	乙	丙	甲
子	卯	寅	午

服務項目

陽宅堪輿、擇日、動土、開市擇日

合婚擇日、剖腹擇日、開運名片

命名、改名、嬰兒命名、公司取名

開運印鑑、八字論命、奇門遁甲

命理授課及專題演講

吉發堂奇門開運中心

電話：04 2535 3141

行動：0933 411 186

台中縣豐原市豐南街十二號

第三節　由通書直接查閱上樑修造吉課

圖七：如果翻通書農曆十月二十日有豎柱上樑的日子

29日 木 星期四　11月小　30日 金 星期五　12月大　1日 土 星期六　2日 日 星期日

未時三合
玉兔望月
太陽到兌
太陰到乾
木星到巽
金星到坤
日四吉臨
蛇雞牛殺
午未二時
貪狼入中
聖人登殿
戌正
下弦三刻
○分
超大雪中
陰七局乙八
丙九丁一
卯時大進
辰時壬課
午庚
辰午
午辰寅
辰午
寅辰
日顧祖而
喜氣和平

29日（二十丁卯）

沖雞煞西
巳時帝旺
二十丁卯
未時回頭貢狗
寅辰登貴

火定
三
碧
中
井義

納畜○協紀臨政親民修倉庫醞釀○通宜祭祀開光塑繪社廟不宜祈福求嗣酬神入
學問名訂盟納采裁衣冠笄嫁娶伐木架馬做樑開柱眼出火拆卸修造動土起基
定磉穿屏扇架豎柱上樑歸岫蓋屋合脊安門砼床碓磑放水移徙入宅安香洽火
造廟豎旗掛匾開池厠開生墳合壽木入殮移柩成除服破土啓攢火葬進金安葬
立碑修墳●正沖辛酉人27歲○的呼甲午54歲甲戌14歲○胎神倉庫門外正南

30日（廿一戊辰）

沖狗煞南
廿一戊辰
子午登貴

木執
二
黑
中
鬼和

曲星天恩解神季分神在兵吉七聖●土符聖忌門光天空檳榔殺離巢虎中大空
憲宜上表章會親友沐浴剃頭求醫治病○協紀解除○通宜祭祀開光塑繪納采
勿用檳榔裁衣合帳冠笄嫁娶進人口伐木架馬做樑安床新婚審用入殮移柩成除服權用啓
攢火葬進金安葬立碑權用●正沖壬戌26的呼癸酉15癸未65胎神房床栖外正南

1日（廿二己巳）

廿二己巳

木破
柳義

大進月德合天倉不將天地解七聖●月破大耗重日食主門光帝酷檳榔爭訟瓜
憲宜不取○協紀解除○通宜破屋壞垣●正沖癸亥人25歲○胎神門床外正南

2日（廿三庚午）

沖鼠煞北
巳時長生
廿三庚午
酉時帝旺
午時登貴

土危
九
紫
中
星伐

天德合不將鳴吠不守塚節會●子午頭殺值婦食主楊公忌月忌門光臥尸殃敗
憲宜祭祀結婚姻會親友栽種○協紀祈福酬神齋醮求嗣臨政親民解除修倉庫
牧養納畜捕捉結網畋獵○通宜入學給由剃頭問名訂盟納采裁衣合帳冠笄進
密日○探病凶日○烏兔太陽申時 人口伐木架馬做樑開柱眼拆
卸修造動土起基定磉穿屏扇架歸岫安砼碓磨放水造廟豎旗掛匾開市立券交
易納財開池井開生墳合壽木入殮移柩成除服破土啓攢火葬進金安葬麟符爐火吉
立碑修墳謝土●正沖甲子24歲○的呼壬戌26歲○胎神碓磨外正南●食骨虎

第四節　一般修造、上樑之儀軌

上樑儀軌

1、擇好吉日良時。

2、應備供品：五果、發粿1個、甜品、太極金、天尺金、壽金、四方金、香花、蠟燭。

3、五色線1條，綁屋子中脊之用；紅紗線4條，綁四個角落的鋼筋。

4、由主事者或合夥人，配合老師指示，其餘步驟由老師唸咒語疏文及踏罡步。

5、約15分鐘之後即可上樑；木樑用太極金8張包住中脊，福祿壽三仙朝外正面，水泥樑用5色線綁住中脊即可灌漿，或依各地習俗用之。

第五節　一般豎柱上樑必須慎選之條件表格

在第六章第一節、第二節、第三節的舉例中為什麼能選出豎柱上樑日，其實是經過許許多多的關煞一一篩選而挑出的，以下的表二十一至表二十四就是一般豎柱上樑修造擇日所必須一一核對的關煞，如果是凶日必須一一剔除，這些表格就不用背了，用查的就可以啦。

以下各表顯示該月份所能選用的日子，但必須配合主事者之各種條件才行。

◎ 表二十一：

柱上樑	
正月	丙寅、丁卯、庚午、辛未、癸酉、乙酉、辛卯、甲午、丁酉、壬寅、癸卯、丙午、丁未、己酉、辛亥、乙卯、丙辰、戊午
二月	乙丑、丙寅、丁卯、己巳、辛未、壬申、甲戌、乙亥、丁丑、戊寅、癸未、甲申、丁亥、己丑、庚寅、癸巳、乙未、己亥、辛丑、壬寅、丁未、甲寅、丁巳、己未、癸亥
三月	甲子、丙寅、己巳、癸酉、丙子、戊寅、甲申、乙酉、戊子、癸巳、丁酉、庚子、壬寅、乙巳、己酉、壬子、甲寅、
四月	甲子、庚午、癸酉、甲戌、丙子、丁丑、庚辰、壬午、乙酉、丙戌、戊子、己丑、庚寅、甲午、丙申、丁酉、戊戌、庚子、丙午、己酉、辛酉、壬戌
五月	丙寅、戊辰、辛未、壬申、甲戌、乙亥、戊寅、庚辰、癸未、甲申、丙戌、庚寅、壬辰、乙未、丙申、戊戌、己亥、壬寅、乙巳、丁未、戊申、庚戌、辛亥、甲寅、丙辰、己未、庚申、壬戌
六月	甲子、丙寅、丁卯、己巳、辛未、乙亥、甲申、丁亥、辛卯、癸巳、壬寅、癸卯、甲辰、乙巳、辛亥、甲寅、乙卯、庚申

七月	甲子、丁卯、戊辰、己巳、壬申、癸酉、丙子、己卯、庚辰、丁亥、戊子、辛卯、癸巳、丁酉、戊戌、庚子、癸卯、甲辰、丁未、戊申、壬子、丙辰、辛酉、壬戌
八月	乙丑、己巳、壬申、乙亥、丁丑、甲申、丁亥、己丑、庚寅、壬辰、癸巳、戊戌、己亥、壬寅、甲辰、乙巳、戊申、庚戌、辛亥、癸丑、丙辰、丁巳、庚申、壬戌
九月	丁卯、庚午、甲戌、乙亥、己卯、壬午、甲申、丙戌、辛卯、癸巳、甲午、丙申、癸卯、丙午、庚戌、辛亥、戊午、庚申、壬戌、癸亥
十月	甲子、丙寅、丁卯、庚午、己卯、庚辰、壬午、戊子、庚寅、辛卯、甲午、乙未、庚子、壬寅、癸卯、甲辰、丁未、壬子、甲寅、乙卯
十一月	乙丑、丙寅、戊辰、己巳、壬申、甲戌、乙亥、丁丑、戊寅、庚辰、辛巳、甲申、丙戌、庚寅、壬辰、癸巳、丙申、戊戌、辛丑、壬寅、甲辰、乙巳、癸丑、甲寅、丙辰、庚申、壬戌
十二月	甲子、己巳、庚午、乙亥、戊寅、壬午、甲申、丁亥、癸巳、甲午、丙申、壬寅、乙巳、辛亥、甲寅、庚申

◎ 表二十二：

豎柱、上樑哪些日子可用，哪些日子不可用														
豎柱上樑		**忌例**	**正**	**二**	**三**	**四**	**五**	**六**	**七**	**八**	**九**	**十**	**十一**	**十二**
月破日	X	忌	申	酉	戌	亥	子	丑	寅	卯	辰	巳	午	未
受死日	X	忌	戌	辰	亥	巳	子	午	丑	未	寅	申	卯	酉
天火日	X	忌	子	酉	午	卯	子	酉	午	卯	子	酉	午	卯
天賊日	Δ	明星制	辰	酉	寅	未	子	巳	戌	卯	申	丑	午	亥
天瘟日	Δ	吉多用	未	戌	辰	寅	午	子	酉	申	巳	亥	丑	卯
荒蕪	Δ	吉多用	巳	酉	丑	申	子	辰	亥	卯	未	寅	午	戌
獨火日	Δ	用水制	巳	辰	卯	寅	丑	子	亥	戌	酉	申	未	午
地火日	Δ	用水制	戌	酉	申	未	午	巳	辰	卯	寅	丑	子	亥
冰消瓦碎	X	泉俗忌	初七	初八	初六	初七	初五	初六	初四	初五	初三	初四	初二	初三
橫天朱雀	X	俗忌	初九	初九	初九	初九	初九	初九	初九	初九	初九	初九	初九	初九
天地凶敗	X	俗忌	廿一	十九	十二	廿五	十五	二十	廿一	十八	十六	十四	十四	廿五
天地凶敗	X	俗忌	初七	初八	初一	初九	廿五	初一	初八	初二	初三	初一	十五	初九
天兵日	X	忌	丁亥	丙申	丁巳	丙寅	丁亥	丙申	丁巳	丙寅	丁亥	丙申	丁巳	丙寅
正四廢	X	忌	庚申	辛酉	庚申	壬子	癸亥	壬子	甲寅	乙卯	甲寅	丙午	丁巳	丙午
正四廢	X	忌	辛酉	庚申	辛酉	癸亥	壬子	癸亥	乙卯	甲寅	乙卯	丁巳	丙午	丁巳
真滅沒	X	例在嫁娶表十二												
羅天退日	X	例在 造表二十												
倒家殺日	X	例在 造表二十												
四離絕日	X	例在嫁娶表十二												
伏斷凶日	X	例在開光												

冰消瓦解	X		正	二	三	四	五	六	七	八	九	十	十一	十二
冰消瓦解若逢子日或午日為子午頭殺、大忌上樑、入宅、安香														
子午年			初一	初六	初五	初四	初三	初二	初一	初六	初五	初四	初三	初二
			初七	十二	十一	初十	初九	初八	初七	十二	十一	初十	初九	初八
			十三	十八	十七	十六	十五	十四	十三	十八	十七	十六	十五	十四
			十九	廿四	廿三	廿二	廿一	二十	十九	廿四	廿三	廿二	廿一	二十
			廿五	三十	廿九	廿八	廿七	廿六	廿五	三十	廿九	廿八	廿七	廿六
丑未年			初六	初五	初四	初三	初二	初一	初六	初五	初四	初三	初二	初一
			十二	十一	初十	初九	初八	初七	十二	十一	初十	初九	初八	初七
			十八	十七	十六	十五	十四	十三	十八	十七	十六	十五	十四	十三
			廿四	廿三	廿二	廿一	二十	十九	廿四	廿三	廿二	廿一	二十	十九
			三十	廿九	廿八	廿七	廿六	廿五	三十	廿九	廿八	廿七	廿六	廿五
寅申年			初五	初四	初三	初二	初一	初六	初五	初四	初三	初二	初一	初六
			十一	初十	初九	初八	初七	十二	十一	初十	初九	初八	初七	十二
			十七	十六	十五	十四	十三	十八	十七	十六	十五	十四	十三	十八
			廿三	廿二	廿一	二十	十九	廿四	廿三	廿二	廿一	二十	十九	廿四
			廿九	廿八	廿七	廿六	廿五	三十	廿九	廿八	廿七	廿六	廿五	三十
卯酉年			初四	初三	初二	初一	初六	初五	初四	初三	初二	初一	初六	初五
			初十	初九	初八	初七	十二	十一	初十	初九	初八	初七	十二	十一
			十六	十五	十四	十三	十八	十七	十六	十五	十四	十三	十八	十七
			廿二	廿一	二十	十九	廿四	廿三	廿二	廿一	二十	十九	廿四	廿三
			廿八	廿七	廿六	廿五	三十	廿九	廿八	廿七	廿六	廿五	三十	廿九
辰戌年			初三	初二	初一	初六	初五	初四	初三	初二	初一	初六	初五	初四
			初九	初八	初七	十二	十一	初十	初九	初八	初七	十二	十一	初十
			十五	十四	十三	十八	十七	十六	十五	十四	十三	十八	十七	十六

			廿一	二十	十九	廿四	廿三	廿二	廿一	二十	十九	廿四	廿三	廿二
			廿七	廿六	廿五	三十	廿九	廿八	廿七	廿六	廿五	三十	廿九	廿八
巳亥年			初二	初一	初六	初五	初四	初三	初二	初一	初六	初五	初四	初三
			初八	初七	十二	十一	初十	初九	初八	初七	十二	十一	初十	初九
			十四	十三	十八	十七	十六	十五	十四	十三	十八	十七	十六	十五
			二十	十九	廿四	廿三	廿二	廿一	二十	十九	廿四	廿三	廿二	廿一
			廿六	廿五	三十	廿九	廿八	廿七	廿六	廿五	三十	廿九	廿八	廿七
竪柱上樑		**忌例**	**正**	**二**	**三**	**四**	**五**	**六**	**七**	**八**	**九**	**十**	**十一**	**十二**
火星日		大忌	甲戌	癸酉	辛巳	甲戌	癸酉	辛巳	甲戌	癸酉	辛巳	甲戌	癸酉	辛巳
火星日		大忌	癸未	壬午	庚寅	癸未	壬午	庚寅	癸未	壬午	庚寅	癸未	壬午	庚寅
火星日		大忌	壬辰	辛卯	己亥	壬辰	辛卯	己亥	壬辰	辛卯	己亥	壬辰	辛卯	己亥
火星日		大忌	辛丑	庚子	戊申	辛丑	庚子	戊申	辛丑	庚子	戊申	辛丑	庚子	戊申
火星日		大忌	庚戌	己酉	丁巳	庚戌	己酉	丁巳	庚戌	己酉	丁巳	庚戌	己酉	丁巳
火星日		大忌	乙丑	甲子	壬申	乙丑	甲子	壬申	乙丑	甲子	壬申	乙丑	甲子	壬申
火星日		大忌	己未	戊午	0	己未	戊午	0	己未	戊午	0	己未	戊午	0
子年		天空日	初五	初四	初三	初二	初一	初八	初七	初六	初五	初四	初三	初二
			十三	十二	十一	初十	初九	十六	十五	十四	十三	十二	十一	初十
			廿一	二十	十九	十八	十七	廿四	廿三	廿二	廿一	二十	十九	十八
			廿九	廿八	廿七	廿六	廿五	0	0	三十	廿九	廿八	廿七	廿六
丑寅年		天空日	初四	初三	初二	初一	初八	初七	初六	初五	初四	初三	初二	初一
			十二	十一	初十	初九	十六	十五	十四	十三	十二	十一	初十	初九
			二十	十九	十八	十七	廿四	廿三	廿二	廿一	二十	十九	十八	十七
			廿八	廿七	廿六	廿五	0	0	三十	廿九	廿八	廿七	廿六	廿五

卯年		天空日	初三	初二	初一	初八	初七	初六	初五	初四	初三	初二	初一	初八
			十一	初十	初九	十六	十五	十四	十三	十二	十一	初十	初九	十六
			十九	十八	十七	廿四	廿三	廿二	廿一	二十	十九	十八	十七	廿四
			廿七	廿六	廿五	0	0	三十	廿九	廿八	廿七	廿六	廿五	0
辰巳年		天空日	初二	初一	初八	初七	初六	初五	初四	初三	初二	初一	初八	初七
			初十	初九	十六	十五	十四	十三	十二	十一	初十	初九	十六	十五
			十八	十七	廿四	廿三	廿二	廿一	二十	十九	十八	十七	廿四	廿三
			廿六	廿五	0	0	三十	廿九	廿八	廿七	廿六	廿五	0	0
午年		天空日	初一	初八	初七	初六	初五	初四	初三	初二	初一	初八	初七	初六
			初九	十六	十五	十四	十三	十二	十一	初十	初九	十六	十五	十四
			十七	廿四	廿三	廿二	廿一	二十	十九	十八	十七	廿四	廿三	廿二
			廿五	0	0	三十	廿九	廿八	廿七	廿六	廿五	0	0	三十
未申年		天空日	初八	初七	初六	初五	初四	初三	初二	初一	初八	初七	初六	初五
			十六	十五	十四	十三	十二	十一	初十	初九	十六	十五	十四	十三
			廿四	廿三	廿二	廿一	二十	十九	十八	十七	廿四	廿三	廿二	廿一
			0	0	三十	廿九	廿八	廿七	廿六	廿五	0	0	三十	廿九
酉年		天空日	初七	初六	初五	初四	初三	初二	初一	初八	初七	初六	初五	初四
			十五	十四	十三	十二	十一	初十	初九	十六	十五	十四	十三	十二
			廿三	廿二	廿一	二十	十九	十八	十七	廿四	廿三	廿二	廿一	二十
			0	三十	廿九	廿八	廿七	廿六	廿五	0	0	三十	廿九	廿八
戌亥年		天空日	初六	初五	初四	初三	初二	初一	初八	初七	初六	初五	初四	初三
			十四	十三	十二	十一	初十	初九	十六	十五	十四	十三	十二	十一
			廿二	廿一	二十	十九	十八	十七	廿四	廿三	廿二	廿一	二十	十九
			三十	廿九	廿八	廿七	廿六	廿五	0	0	三十	廿九	廿八	廿七

羅天退日		同 造例中表二十												
四離絕日		同安床例中表十七												
天兵方	X		庚	辛	乾	壬	癸	艮	甲	乙	巽	丙	丁	坤
天兵時	X		每日的丙0時、如丙子、丙午、丙申………											
震宮殺	X		忌上樑											
震宮殺（月）			**正**	**二**	**三**	**四**	**五**	**六**	**七**	**八**	**九**	**十**	**十一**	**十二**
九十六年 丁亥年			中	巽、分、艮	坎	坎	離、至、巽	中	艮	離、分、中	乾	乾	兑、至、離	艮
九十七年 戊子年			乾	中、分、離	坤	坤	坎、至、震	巽	兑	艮、分、巽	中	中	乾、至、坎	離
九十八年 己丑年			兑	乾、分、坎	震	震	坤、至、坤	震	乾	兑、分、震	巽	巽	中、至、坤	坎
九十九年 庚寅年			艮	兑、分、坤	巽	巽	震、至、坎	坤	中	乾、分、坤	震	震	巽、至、震	坤
一百年 辛卯年			離	艮、分、震	中	中	巽、至、離	坎	巽	中、分、坎	坤	坤	震、至、巽	震
一〇一年 壬辰年			坎	離、分、巽	乾	乾	中、至、艮	離	震	巽、分、離	坎	坎	坤、至、中	巽
一〇二年 癸巳年			坤	坎、分、中	兑	兑	乾、至、兑	艮	坤	震、分、艮	離	離	坎、至、乾	中
一〇三年 甲午年			震	坤、分、乾	艮	艮	兑、至、乾	兑	坎	坤、分、兑	艮	艮	離、至、兑	乾
一〇四年 乙未年			巽	震、分、兑	離	離	艮、至、中	乾	離	坎、分、乾	兑	兑	艮、至、艮	兑

震宮殺每九年各輪一次。即一〇五年同九十六年、一〇六年同九十七年，餘仿此……														
二月的分即春分後，震宮殺的方位														
五月的至即夏至後，震宮殺的方位														
八月的分即秋分後，震宮殺的方位														
十一月的至即冬至後，震宮殺的方位														
坎即北方、坤即西南方、震即東方、巽即東南方、中即中宮														
乾即西北方、兌即西方、艮即東北方、離即南方														
柱上樑	宜	天德、月德、天德合、月德合、天赦、天恩、天願、母倉、月恩、四相、三合、五合、時德、玉堂在訂盟納采吉例中												
	宜	生氣在開市吉例中												
依年支			子	丑	寅	卯	辰	巳	午	未	申	酉	戌	亥
枝德日	〇		巳	午	未	申	酉	戌	亥	子	丑	寅	卯	辰
依月令			正	二	三	四	五	六	七	八	九	十	十一	十二
金堂吉日	〇		辰	戌	巳	亥	午	子	未	丑	申	寅	酉	卯
開日	〇		子	丑	寅	卯	辰	巳	午	未	申	酉	戌	亥

第六節　一般修造必須慎選之條件表格

以下各表顯示該月份所能選用的日子，但必須配合主事者之各種條件才行。

◎ 表二十三：

	修造
正月	丁卯、庚午、辛未、癸酉、乙亥、己卯、壬午、乙酉、丁亥、辛卯、甲午、丁酉、癸卯、丙午、丁未、己酉、辛亥、乙卯、丙辰、戊午
二月	乙丑、丙寅、己巳、辛未、壬申、癸未、甲申、丙戌、丁亥、己丑、庚寅、癸巳、壬寅、丁未、戊申、庚戌、辛亥、癸丑、甲寅、己未、癸亥
三月	甲子、丙寅、丁卯、己巳、癸酉、丙子、戊寅、甲申、乙酉、戊子、癸巳、丙申、丁酉、庚子、壬寅、乙巳、己酉、壬子、甲寅
四月	甲子、戊辰、庚午、癸酉、甲戌、丙子、丁丑、庚辰、壬午、乙酉、丙戌、戊子、己丑、甲午、丙申、丁酉、戊戌、庚子、丙午、己酉、癸丑、戊午、庚申、辛酉、壬戌
五月	乙丑、丙寅、戊辰、己巳、辛未、戊寅、庚辰、辛巳、癸未、甲申、丙戌、庚寅、壬辰、乙未、丙申、戊戌、己亥、壬寅、甲辰、乙巳、丁未、戊申、庚戌、辛亥、癸丑、甲寅、丙辰、丁巳、己未、庚申、壬戌
六月	甲子、丙寅、丁卯、己巳、乙亥、戊寅、己卯、甲申、丁亥、辛卯、癸巳、丙申、壬寅、癸卯、甲辰、乙巳、辛亥、甲寅、乙卯、庚申
七月	甲子、丁卯、戊辰、己巳、辛未、癸酉、丙子、己卯、庚辰、戊子、辛卯、癸巳、丁酉、戊戌、庚子、癸卯、甲辰、丁未、壬子、丙辰、辛酉、壬戌

八月	乙丑、己巳、壬申、甲戌、乙亥、甲申、丁亥、己丑、庚寅、壬辰、癸巳、戊戌、己亥、辛丑、壬寅、甲辰、乙巳、戊申、庚戌、辛亥、癸丑、丙辰、丁巳、庚申、壬戌
九月	丁卯、庚午、乙亥、甲戌、己卯、壬午、甲申、辛卯、癸巳、甲午、丙申、癸卯、丙午、辛亥、戊午、庚申、癸亥、
十月	甲子、丙寅、丁卯、庚午、壬午、戊子、庚寅、辛卯、甲午、乙未、庚子、壬寅、癸卯、甲辰、丁未、壬子、甲寅、乙卯、丙辰
十一月	乙丑、丙寅、戊辰、己巳、壬申、甲戌、乙亥、丁丑、戊寅、庚辰、辛巳、甲申、丙戌、丁亥、己丑、庚寅、壬辰、癸巳、丙申、戊戌、壬寅、甲辰、乙巳、丁未、戊申、庚戌、辛亥、癸丑、甲寅、丙辰、庚申、壬戌、癸亥
十二月	甲子、丙寅、己巳、庚午、乙亥、戊寅、壬午、甲申、丁亥、癸巳、甲午、丙申、壬寅、乙巳、辛亥、甲寅、戊午、庚申

◎ 表二十四：

修造擇日哪些日子可用，哪些日子不可用														
吉凶星名	**吉凶**	**正**	**貳**	**參**	**肆**	**伍**	**陸**	**柒**	**捌**	**玖**	**拾**	**拾壹**	**拾貳**	**可制化**
月破	大凶	申	酉	戌	亥	子	丑	寅	卯	辰	巳	午	未	
受死	俗忌	戌	辰	亥	巳	子	午	丑	未	寅	申	卯	酉	
土符	修可權用	丑	巳	酉	寅	午	戌	卯	未	亥	辰	申	子	
土瘟	修可權用	辰	巳	午	未	申	酉	戌	亥	子	丑	寅	卯	
天瘟	吉多用	未	戌	辰	寅	午	子	酉	申	巳	亥	丑	卯	
天火	俗忌不用	子	酉	午	卯	子	酉	午	卯	子	酉	午	卯	水制
冰消瓦碎	俗忌	初七	初八	初六	初七	初五	初六	初四	初五	初三	初四	初二	初三	
正四廢	凶	庚申	辛酉	庚申	壬子	癸亥	壬子	甲寅	乙卯	甲寅	丙午	丁巳	丙午	
正四廢	凶	辛酉	庚申	辛酉	癸亥	壬子	癸亥	乙卯	甲寅	乙卯	丁巳	丙午	丁巳	
地囊日	凶	庚子	癸丑	壬午	己酉	壬戌	丙辰	丁巳	丙申	辛未	戊申	辛卯	癸酉	
地囊日	凶	庚午	乙未	甲子	己卯	甲辰	丙戌	丁亥	丙寅	辛丑	戊寅	辛酉	乙卯	
土公死	俗忌	乙未	乙未	乙未	乙未	乙未	乙未	乙未	乙未	乙未	乙未	乙未	乙未	
土公忌	俗忌	癸未	癸未	癸未	癸未	癸未	癸未	癸未	癸未	癸未	癸未	癸未	癸未	
黃帝死	俗忌	戊午	戊午	戊午	戊午	戊午	戊午	戊午	戊午	戊午	戊午	戊午	戊午	
月建日	俗忌不用	寅	卯	辰	巳	午	未	申	酉	戌	亥	子	丑	
真滅沒	忌例在開市忌例中													
瓦陷、火星	在起基忌例中													
土王用事後在立春、立夏、立秋、立冬前十八天尤忌戊、己日，宜忌與 造同														
修造	忌	依二十四山內容沖、三殺、陰府、炙退、羅天大退、戊己、夾都天												
	忌	太歲堆黃、歲破方、月破方、月三殺方、日時破方、三殺方												
	Δ	地官符、天官符、大小月建、年月五黃殺、九良星殺												

諸火星	Δ	打頭火、飛天火、飛宮火、巡山火、丙丁獨火、月遊火、月獨火、用水星制
修造	宜	天德、月德、天德合、月德合、天赦、天願、月恩、四相、時德、三合
	宜	玉堂在訂盟納采吉例中
	宜	歲德、歲德合在 造吉例中，宜開日在 柱、上樑吉例中

❖第七章❖

一般動土、平基要如何擇日

在一般社會習俗中，遇上要動土之時擇日就顯得很重要，大都蠻慎重的。不管私人或公家機關大概都會擇吉日良時來動土以求吉利，以下所選之日子就是運用古傳所留下的動土方法選擇出最佳的日子及時辰，請遵守表中各項注意事項進行。

（正確的動土、平基擇日是必須篩選很多條件，諸如共用資料表A及表B、第五章第四節的表十九至表二十，及本章第六節的表二十五至表二十八之所有條件都需用到。）

第一節　動土、修造擇日條件如下

1、以主事者之生辰八字不沖剋為第一考量重點（請參考擇日共用資料A）。

2、再以房屋坐向不沖剋為第二考量重點（請參考擇日共用資料B）。

3、再以動土之年月份來配合挑選最佳日子。

4、接續以動土之各項「吉、凶」忌例為擇日重點（請參考擇日動土、平基）。

5、一定要考量與本命六沖、三殺、三刑、官符、六害、箭刃、回頭貢煞等日子均不可用。

6、運用通書吉神、凶神、黃道吉神、黑道凶神等等吉凶時表來選擇最佳時辰。

7、擇時均以早上為最佳，午後次之（請參考第三章表C）。

8、最後運用「奇門遁甲」最佳方位法輔助來達成吉日良時成功圓滿。

第二節　動土、修造實際案例演練

◎ 舉例説明：

坐向：坐西向東

主事：辛巳年生

合夥人：戊戌生、丁未生、丙申生

預定八月份動土

★ 擇日條件：

舉例：主事者為30年次（辛巳年生），屋向坐西向東，95年想動土

解釋：

1、以主事者之生辰八字考量與本命是否有六沖、三殺、三刑、官符、六害、箭刃、回頭貢殺等日子均不能列為擇日課局（請參考擇日共用資料A）。

用刪除法查表得知：六沖→亥

三殺→辰

回頭貢殺→無

三刑→寅申

箭刃→辰戌

官符→丙申

六害→庚寅

合夥人：戊戌年六沖辰日不用；丁未年六沖丑日不用；丙申年六沖寅日不用。

將以上日子填入十二宮表中便於更加明瞭。

2、再以房屋坐向為第二考量點（請參考擇日共用資料B）。

用刪除法查表得知：房屋坐向坐西向東所以亥、卯、未日不能用。

3、再以擇日年份或月份來挑選日子：

95年想動土95年為丙戌年，8月份為丁酉月。

寅午戌殺北、巳酉丑殺東、申子辰殺南、亥卯未殺西。

4、接續以動土平基之各項忌例為擇日重點：

參考第五章第四節的表十九至表二十及本章第六節的表二十五至表二十八之所有條件，都需用到。

5、可用八月初四丁巳日巳時。

6、擇時均以早上為最佳考量，午後次之。

（請參考擇日共用資料C）

經以上種種條件考慮所選出的日子及時辰如以下表，請參考行事，祝一切平安順利。

◎ 表一：

巳日	午日	未日	申日
		年殺	三刑 官符
辰日	坐西向東 主事：辛巳 合夥人：戊戌、丁未、丙申		酉日
三殺 箭刃 合夥人			
卯日			戌日
年殺			箭刃
寅日	丑日	子日	亥日
六害 三刑 合夥人	合夥人		年殺 主事

第三節 動土修造吉課行事表

先生 小姐：

動土修造吉課

吉屋 坐 向

本年 大利

主事

家屬

◎茲依先賢諸家之訣擇吉如次：

動土 修造

擇於國曆 年 月 日

農曆 年 月 日 時

歲人避吉

步驟

一、擇日 二、 三、 四、

五、 六、 七、 八、

該時辰之奇門遁甲方位在：

吉日良時 四柱課局

年	月	日	時

服務項目

陽宅堪輿、擇日、動土擇日、開市擇日、合婚擇日、剖腹生產擇日、命名改名、嬰兒命名、公司命名、開運名片、開運印鑑八字論命、奇門遁甲、命理授課及專題演講

吉祥坊易經開運中心
電話：(04)24521393
傳真：(04)24513496
台中市西屯路二段297之8巷78號

第四節　由通書直接查閱動土修造吉課

因為本次動土修造是屬坐西所以就翻到這一頁即可。

坐西動土吉課

94年乙酉年十二月令己丑管局
正月初三庚申 2 子丑午 1 31
⊙正月令庚寅管局　國曆
正月十六癸酉 1 寅辰午 2 13
正月十九丙子 4 子辰巳 2 16
正月廿五壬午 3 辰巳午 2 22
正月廿八乙酉 6 子巳午 2 25
⊙三月令壬辰管局
三月初十丙寅 5 辰巳午 4 7
三月十三己巳 1 子丑辰 4 10
⊙四月令癸巳管局
四月初十丙申密辰巳午 5 7
四月十一丁酉 1 辰巳午 5 8
四月十二戊戌 2 子寅午 5 9
四月十四庚子 4 子寅巳 5 11
四月十五辛丑 5 辰巳午 5 12
四月二十丙午 3 丑巳午 5 17
四月廿四庚戌密子巳午 5 21
四月廿七癸丑 3 寅辰午 5 24

五月初一丙辰 6 辰巳午 5 27
五月初六辛酉 4 辰巳午 6 1
五月初七壬戌 5 丑巳午 6 2
五月初十乙丑 1 子巳午 6 5
⊙五月令甲午管局　國曆
五月十一丙寅 2 辰巳午 6 6
五月十三戊辰 4 子辰午 6 8
五月十四己巳 5 子丑辰 6 9
五月十九甲戌 3 子寅巳 6 14
五月廿三戊寅密子寅午 6 18
五月廿六辛巳 3 辰巳午 6 21
六月初一丙戌 1 丑巳午 6 26
六月初四己丑 4 子卯辰 6 29
六月初五庚寅 5 子巳午 6 30
⊙七月令丙申管局
七月十五己巳 2 子丑辰 8 8
七月十六庚午 3 寅巳午 8 9
七月十九癸酉 6 寅辰午 8 12
七月廿二丙子 2 子辰巳 8 15

七月廿六庚辰 6 子巳午 8 19
七月廿八壬午 1 辰巳午 8 21
閏七月初八壬辰 4 辰巳午 8 31
閏七月初九癸巳 5 子辰午 9 1
閏七月初十甲午 6 丑寅辰 9 2
閏七月十三丁酉 2 辰巳午 9 5
⊙八月令丁酉管局　國曆
閏七月十七辛丑 6 辰巳午 9 9
閏七月十八壬寅密辰巳午 9 10
閏七月二十甲辰 2 子丑辰 9 12
閏七月廿一乙巳 3 子巳午 9 13
閏七月廿四戊申 6 子辰巳 9 16
閏七月廿六庚戌 1 子巳午 9 18
閏七月廿九癸丑 4 子辰午 9 21
八月初三丙辰密辰巳午 9 24
八月初四丁巳 1 辰巳午 9 25
八月初七庚申 4 子丑巳 9 28
八月初九壬戌 6 丑巳午 9 30
八月十二乙丑 2 子巳午 10 3
八月十六己巳 6 子丑辰 10 7

⊙九月令戊戌管局
八月十九壬申 2 辰巳午 10 10
八月廿九壬午 5 辰巳午 10 20
⊙十一月令庚子管局　國曆
十月廿一甲戌 1 子寅巳 12 11
十月廿四丁丑 4 辰巳午 12 14
十月廿七庚辰密子巳午 12 17
十月廿八辛巳 1 辰巳午 12 18
十一月初四丙戌 6 丑巳午 12 23
十一月初七己丑 2 寅辰午 12 26
十一月初十壬辰 5 辰巳午 12 29
十一月十一癸巳 6 子辰午 12 30
⊙十二月令辛丑管局
十二月二十壬寅 1 辰巳午 1 8
十二月廿三乙巳 4 子巳午 1 11
⊙先將大利方起工用吉
⊙地兵庚時動土不取用
⊙土王用事後不宜動土
⊙動土宜忌與豎造同論
⊙斗六市　玄機堂　選編

第五節 一般動土修造之儀軌

一、擇吉日良時。

二、動土前3天或7天請至該地，上香稟明地基主於某年、月、日、時，將動土整地請地基主幫忙敬告地上所有「五音十類」眾生，以免動工傷及生命。（或張貼榜文亦可）

三、動土當日供品、太極金、壽金、福金、四方金、蠟燭、香、鮮花及五果、糖果12碗、紅湯圓3碗、發粿2個、鞭炮、香爐。

四、全新鐰子1支須綁上紅布，公司或工廠可準備彩球、剪刀、椿1支。

五、主事者及全體人員一同焚香禱告，由主事者恭唸疏文。

六、香過半炷後，在土地的中央燒金紙。中央壽金燒五百，再從龍邊後方燒三百，再燒左前方，再燒虎邊後方、前方。

七、金紙化完開始動土，此時須先放鞭炮（請靈界眾生速速遠離），將新鐰子在中間挖一下，每挖一下要唸「興工動土大吉大利」，再從龍邊的前方鐰3下並將泥土往裡面倒，也要唸「興工動土大吉大利」，四個角落皆同。

八：將所有金紙全部燒化。

九：將新鐰子收好保存。

第六節　一般動土平基必須慎選之條件表格

在第七章第一節、第二節、第三節、第四節的舉例中為什麼能選出、動土平基日，其實是經過許許多多的關煞一一篩選而挑出的，以下的表二十五至表二十八就是一般動土擇日所必須一一核對的關煞，如果是凶日必須一一剔除，這些表格就不用背了，用查的就可以啦。

以下各表顯示該月份所能選用的日子，但必須配合主事者之各種條件才行。

◎ 表二十五：

動土	
正月	甲子、丁卯、辛未、癸酉、乙亥、丙子、己卯、壬午、乙酉、丁亥、戊子、辛卯、甲午、丁酉、癸卯、乙卯、己未
二月	乙丑、丙寅、辛未、壬申、甲戌、乙亥、丁丑、戊寅、甲申、丙戌、丁亥、己丑、庚寅、丙申、己亥、辛丑、壬寅、丁未、戊申、庚戌、辛亥、甲寅、己未、壬戌、癸亥
三月	甲子、丙寅、丁卯、己巳、丙子、戊寅、甲申、戊子、庚寅、癸巳、丙申、庚子、壬寅、乙巳、甲寅、丁巳
四月	甲子、乙丑、丁卯、庚午、癸酉、甲戌、丙子、丁丑、庚辰、壬午、乙酉、丙戌、戊子、己丑、辛卯、甲午、丙申、丁酉、戊戌、庚子、辛丑、癸卯、丙午、庚戌、癸丑、乙卯、庚申、辛酉、壬戌
五月	乙丑、丙寅、戊辰、己巳、戊寅、庚辰、辛巳、丙戌、 庚寅、壬辰、戊戌、己亥、壬寅、乙巳、丁未、庚戌、辛亥、癸丑、甲寅、丙辰、丁巳、己未

六月	甲子、丙寅、丁卯、己巳、乙亥、戊寅、己卯、甲申、丁亥、庚寅、辛卯、癸巳、丙申、己亥、壬寅、癸卯、甲辰、乙巳、辛亥、甲寅、乙卯、庚申
七月	甲子、戊辰、己巳、庚午、庚辰、壬午、戊子、壬辰、癸巳、甲午、丁酉、庚子、甲辰、丙午、丁未、壬子、丙辰、己未、辛酉
八月	乙丑、己巳、壬申、甲戌、戊寅、庚辰、辛巳、甲申、丙戌、己丑、庚寅、壬辰、癸巳、戊戌、辛丑、壬寅、甲辰、乙巳、戊申、庚戌、癸丑、丙辰、丁巳、庚申、壬戌、丁丑
九月	丁卯、庚午、壬申、己卯、辛巳、壬午、甲申、辛卯、癸巳、甲午、丙申、癸卯、丙午、戊申、庚申、辛酉
十月	甲子、丙寅、丁卯、庚午、辛未、己卯、壬午、乙酉、戊子、庚寅、辛卯、甲午、丁酉、庚子、壬寅、癸卯、丁未、己酉、壬子、甲寅、乙卯、己未、辛酉
十一月	乙丑、戊辰、己巳、甲戌、乙亥、丁丑、庚辰、辛巳、丙戌、丁亥、己丑、壬辰、癸巳、戊戌、甲辰、乙巳、丁未、庚戌、辛亥、癸丑、丙辰、己未、壬戌
十二月	丙寅、己巳、庚午、壬申、乙亥、戊寅、壬午、甲申、丁亥、庚寅、癸巳、甲午、丙申、壬寅、乙巳、辛亥、甲寅、庚申

◎ 表二十六：

動土平基擇日哪些日子可用，哪些日子不可用														
吉凶星名	吉凶	正	二	三	四	五	六	七	八	九	十	十一	十二	可制化
月破	大凶	申	酉	戌	亥	子	丑	寅	卯	辰	巳	午	未	
受死	俗忌	戌	辰	亥	巳	子	午	丑	未	寅	申	卯	酉	
土符	新基大凶	丑	巳	酉	寅	午	戌	卯	未	亥	辰	申	子	
土府	大凶	寅	卯	辰	巳	午	未	申	酉	戌	亥	子	丑	
土瘟	俗忌	辰	巳	午	未	申	酉	戌	亥	子	丑	寅	卯	
天瘟	吉多可用	未	戌	辰	寅	午	子	酉	申	巳	亥	丑	卯	
天賊	明星可制	辰	酉	寅	未	子	巳	戌	卯	申	丑	午	亥	
天火	新地水制	子	酉	午	卯	子	酉	午	卯	子	酉	午	卯	水制
冰消瓦碎	俗忌	初七	初八	初六	初七	初五	初六	初四	初五	初三	初四	初二	初三	
正四廢	凶	庚申	辛酉	庚申	壬子	癸亥	壬子	甲寅	乙卯	甲寅	丙午	丁巳	丙午	
正四廢	凶	辛酉	庚申	辛酉	癸亥	壬子	癸亥	乙卯	甲寅	乙卯	丁巳	丙午	丁巳	
地囊日	凶	庚子	癸丑	壬午	己酉	壬戌	丙辰	丁巳	丙申	辛未	戊申	辛卯	癸酉	
地囊日	凶	庚午	乙未	甲子	己卯	甲辰	丙戌	丁亥	丙寅	辛丑	戊寅	辛酉	乙卯	
土公死	俗忌	乙未	乙未	乙未	乙未	乙未	乙未	乙未	乙未	乙未	乙未	乙未	乙未	
土公忌	俗忌	癸未	癸未	癸未	癸未	癸未	癸未	癸未	癸未	癸未	癸未	癸未	癸未	
黃帝死	俗忌	戊午	戊午	戊午	戊午	戊午	戊午	戊午	戊午	戊午	戊午	戊午	戊午	
時家忌例	凶	庚	庚	庚	庚	庚	庚	庚	庚	庚	庚	庚	庚	庚時不用

第七節　一般起基必須慎選之條件表格

以下各表顯示該月份所能選用的日子，但必須配合主事者之各種條件才行。

◎ 表二十七：

起基	
正月	丁卯、庚午、辛未、癸酉、乙亥、己卯、壬午、乙酉、丁亥、辛卯、甲午、丁酉、癸卯、丙午、丁未、己酉、辛亥、乙卯、丙辰、戊午
二月	乙丑、丙寅、辛未、壬申、戊寅、癸未、甲申、丁亥、己丑、庚寅、癸巳、乙未、丙申、己亥、辛丑、壬寅、丁未、辛亥、癸丑、甲寅、己未、癸亥
三月	甲子、丙寅、己巳、癸酉、丙子、戊寅、甲申、乙酉、戊子、癸巳、丁酉、庚子、壬寅、乙巳、己酉、壬子、甲寅
四月	甲子、乙丑、丁卯、庚午、癸酉、庚辰、壬午、乙酉、丙戌、戊子、己丑、辛卯、甲午、丁酉、戊戌、庚子、辛丑、癸卯、丙午、己酉、癸丑、乙卯、戊午、庚申、辛酉、壬戌
五月	丙寅、戊辰、己巳、辛未、壬申、甲戌、乙亥、戊寅、庚辰、辛巳、癸未、甲申、丙戌、庚寅、壬辰、乙未、丙申、戊戌、己亥、壬寅、甲辰、乙巳、丁未、戊申、庚戌、辛亥、甲寅、丙辰、丁巳、己未、庚申、壬戌
六月	甲子、丙寅、己巳、丁卯、乙亥、戊寅、己卯、甲申、丁亥、辛卯、癸巳、丙申、丁酉、己亥、壬寅、癸卯、甲辰、乙巳、己酉、辛亥、甲寅、乙卯、庚申
七月	甲子、丁卯、戊辰、辛未、癸酉、丙子、己卯、庚辰、戊子、辛卯、壬辰、癸巳、丁酉、戊戌、庚子、癸卯、甲辰、丁未、壬子、丙辰、戊午、辛酉、壬戌

八月	乙丑、丙寅、戊辰、己巳、壬申、甲戌、辛巳、甲申、丙戌、丁亥、己丑、庚寅、壬辰、癸巳、戊戌、己亥、壬寅、甲辰、乙巳、戊申、庚戌、辛亥、癸丑、丙辰、丁巳、庚申、壬戌
九月	丁卯、庚午、壬申、乙亥、丙子、己卯、壬午、甲申、辛卯、癸巳、甲午、丙申、癸卯、丙午、戊申、辛亥、戊午、庚申、癸亥
十月	甲子、丙寅、丁卯、庚午、辛未、癸酉、丙子、戊寅、己卯、庚辰、壬午、癸未、乙酉、戊子、庚寅、辛卯、甲午、乙未、丁酉、庚子、壬寅、癸卯、甲辰、丁未、己酉、壬子、甲寅、乙卯、己未、辛酉
十一月	乙丑、丙寅、戊辰、己巳、壬申、甲戌、庚辰、辛巳、甲申、丙戌、己丑、庚寅、壬辰、癸巳、丙申、戊戌、壬寅、甲辰、乙巳、丁未、戊申、庚戌、癸丑、甲寅、丙辰、庚申、壬戌
十二月	丙寅、己巳、庚午、乙亥、戊寅、辛巳、壬午、甲申、丁亥、庚寅、癸巳、甲午、丙申、壬寅、癸卯、乙巳、 辛亥、甲寅、庚申

◎ 表二十八：

起基忌例		吉凶	正	二	三	四	五	六	七	八	九	十	十一	十二	
月破	X	大凶	申	酉	戌	亥	子	丑	寅	卯	辰	巳	午	未	
月建	X	大凶	寅	卯	辰	巳	午	未	申	酉	戌	亥	子	丑	
天火	△	水局可制	子	酉	午	卯	子	酉	午	卯	子	酉	午	卯	
天賊	△	明星可制	辰	酉	寅	未	子	巳	戌	卯	申	丑	午	亥	丙時
受死	X	俗忌不用	戌	辰	亥	巳	子	午	丑	未	寅	申	卯	酉	
天瘟	△	吉多可制	未	戌	辰	寅	午	子	酉	申	巳	亥	丑	卯	
荒蕪	△	旺相堪用	巳	酉	丑	申	子	辰	亥	卯	未	寅	午	戌	
瓦陷	△	吉多準用	巳	子	丑	申	卯	戌	亥	午	未	寅	酉	辰	
地柱日	X	忌	己巳	己亥	己巳	己亥	己巳	己亥	己巳	己亥	己巳	己亥	己巳	己亥	
地柱日	X	忌	己亥	己巳	己亥	己巳	己亥	己巳	己亥	己巳	己亥	己巳	己亥	己巳	
冰消瓦碎	X	俗忌	初七	初八	初六	初七	初五	初六	初四	初五	初三	初四	初二	初三	
削血刃	△	忌	亥	申	巳	寅	卯	午	酉	子	辰	丑	戌	未	
魯班跌蹼殺	△	凶	寅	巳	申	亥	卯	午	酉	子	辰	未	戌	丑	
真滅沒	X	大忌	朔日 逢角			弦日 逢虛			虛日 逢鬼			大凶不用			
		勿用	望日 逢亢			晦日 逢婁			盈日 逢牛			切忌勿犯			
木馬斧殺	X	忌	巳辰	未辰	酉辰	申未	戌未	子未	亥戌	丑戌	卯戌	寅丑	辰丑	午丑	
魯班刀砧	△	忌造床	亥子	亥子	亥子	寅卯	寅卯	寅卯	巳午	巳午	巳午	申酉	申酉	申酉	
四離絕日	X	大忌	立春	春分	前一日	立夏	夏至	前一日	立秋	秋分	前一日	立冬	冬至	前一日	
動土平基	宜	天德、天德合、月德、月德合、天願、三合、成日在開市吉例中													
	宜	母倉、天赦、天恩、益後、四相在訂盟納采吉例中													
	宜	生氣在安床吉例中，宜定日在開光吉例中													

依年干	宜		甲	乙	丙	丁	戊	己	庚	辛	壬	癸			
歲德	○		甲	庚	丙	壬	戊	甲	庚	丙	壬	戊			
歲德合	○		己	乙	辛	丁	癸	己	乙	辛	丁	癸			
依月令			正	二	三	四	五	六	七	八	九	十	十一	十二	
堂吉日	○		辰	戌	巳	亥	午	子	未	丑	申	寅	酉	卯	
明吉日	○		辛未、壬申、癸酉、己卯、壬午、甲申、壬寅、甲辰、丙午、己酉、庚戌、丙辰、己未、庚申、辛酉												
土平基	忌	土王用事後戊己日，土王用事即立春、立夏、立秋、立冬前十八天													
	△	大退時註在六十甲子日之時辰內													
	△	伏斷例在開光凶日中													
	△	土痕大月初二、初五、初七、十五、十八，小月初一、初三、初六、廿二、廿六、廿七日													
	△	轉殺，春（寅卯辰月）卯日、夏（巳午未月）午日、秋（申酉戌月）酉日、冬（亥子丑月）子日													
九土鬼	△	乙酉、癸巳、甲午、辛丑、壬寅、己酉、庚戌、丁巳、戊午日，餘例與 造同													
			正	二	三	四	五	六	七	八	九	十	十一	十二	
五墓日	△		乙未	乙未	戊辰	丙戌	丙戌	戊辰	辛丑	辛丑	戊辰	壬辰	壬辰	戊辰	
土忌日	△		寅	巳	申	亥	卯	午	子	酉	辰	未	戌	丑	

❖第八章❖

入宅、搬家擇日要點

在一般社會習俗中，遇上入宅之時，大都蠻慎重的。不管私人或公家機關大概都會擇吉日良時來遷入以求吉利，以下所選之日子就是運用古傳所留下的入宅搬家方法選擇出最佳的日子及時辰，請遵守表中各項注意事項進行。

（正確的入宅、搬家擇日是必須篩選很多條件，諸如第三章共用資料表A及表B、第五章第四節的表十九至表二十，及本章第七節的表二十九至表三十之所有條件都需用到。）

第一節　搬家、入宅擇日條件如下

1、以主事者之生辰八字不沖剋為第一考量重點。

2、再以房屋坐向不沖剋為第二考量重點。

3、再以入宅之年月份來配合挑選最佳日子。

4、接續以入宅之各項「吉、凶」忌例為擇日重點。

5、一定要考量與本命六沖、三殺、三刑、官符、六害、箭刃、回頭貢煞等日子均不可用。

6、運用通書吉神、凶神、黃道吉神、黑道凶神等等吉凶時表來選擇最佳時辰。

7、最後運用「奇門遁甲」最佳方位法輔助來達成吉日良時成功圓滿。

第二節　入宅、搬家實際案例演練

一、主事、主饋、年次、眷屬年次

二、房屋的坐向

三、按幾月份入宅

四、安床

◎ 例：屋宅坐南向北

主事：丙午年生

主饋：己酉年生

宅眷：辛未、甲戌、丁丑生

宅母：辛巳生

按九月份入宅

★ 擇日條件：參考共用資料表A、B、C

屋宅坐南向北：申子辰日殺南不用

主事：丙午年六沖子日，三殺丑日不用；回頭貢殺無

主饋：己酉年六沖卯日，三殺辰日不用；回頭貢殺無

三刑：午、酉（三合、六合、貴人可解）

宅母：辛巳年六沖亥日不用

眷屬：辛未年六沖丑日

甲戌年六沖辰日

丁丑年六沖未日

餘可參看本章第七節（表二十九及表三十）

入宅可用：丁亥年九月初九丙戌日午時

經以上種種條件考慮所選出的日子及時辰如下表，請參考行事，祝一切平安順利。

◎ 表一：

巳日	午日	未日	申日
	三刑	宅眷	年殺
辰日	宅：坐南向北 主事：丙午年 主饋：己酉年 眷屬：辛未、甲戌、丁丑 宅母：辛巳		酉日
年殺 宅眷 三殺			三刑
卯日			戌日
主饋			
寅日	丑日	子日	亥日
	宅眷 三殺	年殺 主事	宅母

第三節　入宅、搬家吉課行事表

先生 小姐：

入宅搬家吉課

吉屋　坐　向

本年　大利

主事　生日　家屬：

◎茲依先賢諸家之訣擇吉如次：

入宅　擇於國曆　年　月　日　農曆　年　月　日　時　歲人避吉

安床　擇於國曆　年　月　日　農曆　年　月　日　時　歲人避吉

步驟　一、擇日　二、準備七寶　三、搬東西　四、拜天公門神　五、安神　六、拜地基主　七、安床　八、圍爐

該時辰之奇門遁甲方位在：

吉日良時四柱課局

年	月	日	時

服務項目

陽宅堪輿、擇日、動土擇日、開市擇日、合婚擇日、剖腹生產擇日、命名改名、嬰兒命名、公司命名、開運名片、開運印鑑八字論命、奇門遁甲、命理授課及專題演講

吉祥坊易經開運中心
電話：(04)24521393
傳真：(04)24513496
台中市西屯路二段297之8巷78號

第四節　由通書直接查閱入宅搬家吉課

例：因屋宅坐南向北，所以通書就翻到這一頁，每月的好日子都已選好，只要再篩選主事者及宅眷之八字，即可找出適合的日子了。

坐南移徙入宅安香吉課

⊙正月令 星期 壬寅管局 周堂
正月初三乙酉2丑巳時顯星
正月初五丁亥4丑午時清吉
正月十二甲午4寅卯巳午顯
⊙二月令 星期 癸卯管局 周堂
正月十七己亥2午時節後清
正月十九辛丑4丑寅卯午清
正月廿九辛亥密丑寅卯午顯
二月十二癸亥5寅卯時制吉
二月十四乙丑密丑卯巳制吉
二月十六丁卯2丑巳午曲星
⊙四月令 星期 乙巳管局 周堂
三月廿六丙午6丑寅卯午制
三月廿九己酉2丑寅巳午制
四月初八戊午4寅卯巳制吉
四月十一辛酉密丑寅午顯星

四月十二壬戌1丑巳午曲星
四月十六丙寅5丑寅卯午制
⊙五月令 星期 丙午管局 周堂
四月廿一辛未3午時節後清
四月廿四甲戌6寅卯巳午制
五月初二辛巳6丑寅卯午清
五月初四癸未1寅卯巳制吉
五月十四癸巳4寅卯巳顯星
五月十六乙未6卯巳時制吉
五月十九戊戌2寅卯巳清吉
五月二十己亥3丑寅卯午制
⊙六月令 星期 丁未管局 周堂
六月初七乙卯5丑卯巳清吉
六月十一己未2寅卯巳午顯
六月十八丙寅2丑寅卯午曲
六月十九丁卯3丑巳午清吉

六月廿一己巳5寅卯巳午傳
⊙八月令 星期 乙酉管局 周堂
七月廿七乙巳6巳時節後清
八月初三庚戌4丑卯巳時清
八月初四辛亥5丑寅卯午顯
八月初六癸丑密寅卯巳制吉
八月初十丁巳4丑巳午制吉
八月十八乙丑5丑卯巳時清
八月廿八乙亥1丑卯進顯星
⊙九月令 星期 庚戌管局 周堂
九月初二己卯5丑寅卯巳午
九月初五壬午1丑巳午制吉
九月初九丙戌5丑寅卯午清
九月初十丁亥6丑午時傳星
九月十四辛卯3丑寅卯午制
九月十六癸巳5寅卯巳曲星

九月廿六癸卯1寅卯巳制吉
九月廿九丙午4丑時節前制
⊙十月令 星期 辛亥管局 周堂
十月初七甲寅5丑寅卯巳午
十月十九丙寅3丑寅卯午清
十月二十丁卯4丑巳午顯星
⊙十二月令 星期 癸丑管局 周堂
十一月廿八乙巳密巳時節後傳
十二月初五辛亥6寅卯午曲星
十二月初八甲寅2寅卯巳午傳
十二月十二戊午6寅卯巳制吉
十二月二十丙寅密丑寅卯午曲
十二月廿三己巳3寅卯巳午傳

⊙加祖日僅移徙入宅無安香 ⊙其餘日為入宅安香皆可 ⊙周堂分為清吉與制吉 ⊙如取五個時周堂即清吉

周堂定局	小月 入宅安香周堂		分居周堂
初一	王	天	財帛
初二	民	利	債木
初三	武	安	自如
初四	耗	災	舜相
初五	福	師	福壽
初六	嚴	富	平等
初七	福	殺	爭訟
初八	亡	害	興旺
初九	盛	天	財帛
初十	徙	利	債木
十一	階	安	自如
十二	道	災	舜相
十三	清	師	福壽
十四	刑	富	平等
十五	財	殺	爭訟
十六	離	害	興旺
十七	王	天	財帛
十八	民	利	債木
十九	武	安	自如
二十	耗	災	舜相
廿一	福	師	福壽
廿二	嚴	富	平等
廿三	福	殺	爭訟
廿四	亡	害	興旺
廿五	盛	天	財帛
廿六	徙	利	債木
廿七	階	安	自如
廿八	道	災	舜相
廿九	清	師	福壽
值凶星制化權用			

入宅周堂值月清六道臺階昌盛天福五嚴月福玄武天民玉堂三財吉 ⊙三徙家亡地耗五離三刑凶 如值凶神會顯曲傳星吉
安香周堂值天　利　安　師　富吉　會遇神在合周堂上吉尤妙 ⊙值災　害　殺凶　制化權 或加用三皇符制化權用

由通書直接查閱入宅搬家吉課

通書這一頁，就是讓您簡易查出入宅搬家適合的日子。

17日 水 星期三	18日 木 星期四	國曆 10月大 19日 金 星期五	20日 土 星期六	21日 日 星期日
卯時帝旺 辰時三奇 未申二時 貪狼入中 聖人登殿	子時三奇 辰巳二時 左輔入中 聖人登殿 戌時三奇	時五福午 時入巽宮 申正 上弦二刻 四分 寅時長生 午時大進 丙火明炎	尊星到離 帝星到坎 玉印到兌 玉清到震 四吉臨星	子時大進 寅時三奇 辰時三合
沖虎煞南 初七甲申 申時登貴	沖兔煞東 初八乙酉 未時登貴	沖龍煞北 豬兔羊殺 初九丙戌 未時三奇 午時登貴	沖蛇煞西 初十丁亥 辰午登貴	十一戊子
水開 一白 箕伐	水閉 九紫中 斗伐	土建 八白中 牛寶	土除 七赤中 女伐	火滿 虛制
齋醮酬神明星丙時宴宿制訂盟納采結婚姻裁衣冠笄作染雕刻伐木架馬做樑開柱眼 出火拆卸修造動土豎柱上樑起基定磉穿屏扇架歸岫蓋屋合脊安門灶移徙入 宅安香洽火明星丙時宴宿制成除服啓攢●正沖戊寅10的呼壬辰56胎神門爐外西北	五合神在不守塚七聖嗚吠除神●滅門泉閉血支羊鼓輪食鄉龍禁地中虎雀乾 憲宜沐浴剃頭掃舍宇○協紀整手足甲補垣塞穴○通宜祭祀酬神勿用鼓樂裁衣合 拆灶凶日帳冠笄嫁娶安床作灶造畜稠棲棧入殮移柩成除服破土啓攢火 葬進金安葬麟符爐火吉立碑●正沖己卯69歲○的呼丙子12歲胎神碓磨門外西北	天月德母倉天馬天解兵福滿德●三喪月建土府橫天門光值夫白虎斧煞壬空 憲宜祭祀上表章上官赴任結婚姻會親友出行○協紀祈福求嗣臨政親民解除 麒麟日牧養納畜○通宜開光塑繪酬神問名訂盟納采裁衣合帳冠笄作染 歸岫蓋屋合脊安砱床新婚審用移徙入宅安香分居開市立券交易納財捕捉造畜稠 棲棧●正沖庚辰68歲○的呼甲子24歲○胎神廚灶棲外西北●忌嫁娶安葬	歲德合傳星吉期玉堂天成天玉神在●重日門光食主小空土符天兵破碎無祿 憲宜出行沐浴掃舍宇○協紀不取○通宜祭祀解除裁衣合帳冠笄會親友雕刻 做樑安床移徙入宅安香分居造車器開市立券交易造畜稠棲棧●正沖辛巳人 67歲○的呼丁巳人31歲丁亥人61歲○胎神倉庫床外西北⊙食主忌開光塑繪	時德天巫天嗣天富天岳七聖●歸忌天火重喪債木門光天狗土瘟五不遇上兀 憲宜沐浴○協紀不取○通宜剃頭會親友安床立券交易結網教牛馬●正沖壬

第五節　搬家入厝八大步驟

第一步：先選擇良辰吉日

選定中意的房子後如果想搬家，先別急著搬進去，先選定一個良辰吉日再進行搬遷。如何選日子？應該把要住進房子的全家人生辰八字，拿來對照農民曆或請老師幫忙挑日子最好，至少比較安心。

第二步：準備七寶及家常用品

在選定良辰吉日後，接下來必須準備「七寶」。何謂七寶？就是柴、米、油、鹽、醬、醋、茶，這七寶代表著吉祥物，以及新碗、筷子、掃把、畚斗以紅紙貼上連同新衣物要一同搬入新家，這代表敬告屋內鬼神，表示有人要搬進房子，請鬼魅盡快離開。七寶每樣只要準備一小包，並在七寶上各貼一張五十元銅幣大小的紅紙，在良辰吉日當天拿進屋內，並擺放在客廳茶几上或廚房裡即可。

第三步：可進行搬東西

在選定良辰吉日，萬事俱備之後，就可以開始動手搬家囉！過程中一定要保持愉快的心情，不能動怒，尤其不能罵三字經，否則會使家中的鬼神誤以為在罵它們。剛參加過別人喪禮時一星期內不要搬家，如家中有孕婦，最好在三天之內搬完所有的家具，以免動到胎氣得不償失，搬動前用新掃把揮掃家具以及牆壁及地板。

另必須準備一些硬幣，於良辰一到，到大門口踩進家門時，口唸：「雙腳踏入來，富貴帶進來。」然後將硬幣撒在地上，口唸：「滿地黃金：財源廣進，錢財滿大廳。」然後將先前所準備的七寶及一些物品歸定位。然後再開始搬舊家具等等。

第四步：拜天公

拜天公算是一項很重要且專業的事情，最好請專業的老師來安座最佳，祭祀時以一般三牲素果即可，講究一點的，可準備紅龜、壽桃、紅圓各十二個，壽麵十五包，五果、有殼花生、龍眼乾各一碗，紅豆、綠豆、黑豆、花豆、黃豆各一碗，請天公眾神保佑家中平安。

第五步：拜門神

拜天公後，接著就是先拜門神，首先買兩張新的門神貼紙，貼在門上，表示這一戶人家有門神看守，髒東西不容易進來，拜門神時，心中要有誠意，默唸：「請門神保佑全家人平安順利！」即可。

第六步：拜地基主

在風水學中，廚房管女人的財庫，客廳管男人的顏面，主人想順順利利生活不受三度空間無形干擾，就不能忽略了這個步驟。請準備白飯、青菜各一碗，雞腿一隻，福金、刈金各一放在廚房或大門口朝內拜，當有了地基主的保佑，包管小孩聽話，婆媳和睦，夫妻百年好合，信則靈。

第七步：安床（可在搬入之前或當日均可）

安床是搬家必做的動作，安床日最好也請老師擇日安放。最好等時辰一到再將床推正，首先要準備十枚十元硬幣，用鹽水洗過一遍，擦乾。安床時，將十個硬幣握在手中，雙手合十，口中唸著「床母請保護我」，再將手攤開，將十個平均分配在左右手上，即一邊五個，然後口中唸著「十全十美」，並將硬幣撒到床底下，就完成了安床的步驟。

第八步：圍爐

搬新家是一件值得慶祝的喜事，相信很多人都會請親朋好友來家中聚一聚，必備要件是要準備好一個小火爐或用電磁爐煮開水，或用鍋子在廚房煮湯圓請親朋好友，代表發財、團圓、吉祥意味。

搬入當天若無法完全居住於新家，則宜於夜晚將燈光全部打開至次日，以便讓旺氣持續到天明。

第六節　一般搬家入宅之儀軌

搬家入宅是一件令人興奮的喜事，若能如法如儀，更是吉祥。

（一）**灑淨**：能破建築時的諸多不乾淨。

1、全新住宅：先將門大開，用淨香將房子全部清淨。

2、別人居住過之住宅：

(1) 用第二遍洗米水全屋灑淨。

(2) 在新掃把柄上綁紅線三圈。

(3) 左腳在內，右腳在外，掃把往外掃。

(4) 掃把放屋外，晚上再拿進來。

(二) 儀軌：

前言：

舉凡新屋入宅或租屋居住，其儀式均應遵照天運理氣擇日入宅為吉，如宅吉而入宅程序欠吉亦屬不吉，宅凶入宅吉日吉時，又按照規定程序入宅，亦可得安康，故應特別注意。

1、準備淨香21支，可請屬龍、鼠、豬、馬、羊之人代勞。

2、把門打開，用淨香將全家清淨完畢。

3、或用烘爐起燄火，繞淨全家後，烘爐放神廳中央或神桌下（或前廳中央亦吉。）

4、家中有供奉神明、祖先神位者，請於前一天中午點三支香稟報「欲於某日某時遷往新宅，請神明、祖先暫時退位」，過半炷香後即可將神明爐及金尊請至一般桌子上。

5、家中主人或長子恭請神明爐及金尊進宅。

6、家中夫人手提米桶，內裝玉米、花生、綠豆、黃豆、紅豆，用紅色紙袋裝妥，放於米桶內。

7、女兒拿布緞綢絲或珠寶箱均可。

8、其他人不可空手入宅，隨後陸續搬家具大吉。

9、入宅吉日當天，不要叫人來家中收錢為吉。

※注意：1、舊家具不可先搬入，新家具可以先進入。

2、入宅後可以慢慢將舊家具搬入。

第七節　一般入宅搬家必須慎選之條件表格

在第八章第一節、第二節、第三節、第四節的舉例中為什麼能選出一般搬家入宅擇日，其實是經過許許多多的關煞一一篩選而挑出的、以下的表二十九至表三十就是一般搬家入宅擇日所必須一一核對的關煞，如果是凶日必須一一剔除，這些表格就不用背了，用查的就可以啦。

以下二表顯示該月份所能選用的日子，但必須配合主事者之各種條件才行。

◎ 表二十九：

入宅	
正月	庚午、癸酉、乙亥、己卯、壬午、乙酉、辛卯、甲午、丁酉、癸卯、丙午、丁未、己酉、乙卯、戊午、辛未、丁亥、丙辰
二月	乙丑、辛未、壬申、甲戌、丁亥、己丑、乙未、丙申、己亥、辛丑、丁未、辛亥、癸丑、己未、癸亥、丁卯、丙戌、戊戌、戊申
三月	丙寅、己巳、戊寅、乙酉、癸巳、丁酉、壬寅、乙巳、己酉、甲寅、丁卯

四月	甲子、癸酉、丙子、戊子、甲午、丁酉、戊戌、庚子、丙午、己酉、戊午、辛酉、戊辰、庚寅、甲辰、丙辰、壬戌、庚申
五月	戊辰、辛未、壬申、甲戌、乙亥、庚辰、癸未、甲申、丙戌、壬辰、癸巳、乙未、丙申、戊戌、甲辰、丁未、戊申、庚戌、辛亥、己巳、辛巳、己亥、乙巳、丁巳
六月	丙寅、丁卯、己巳、辛未、乙亥、戊寅、己卯、甲申、丁亥、辛卯、丙申、壬寅、癸卯、甲辰、辛亥、甲寅、乙卯、庚申、癸巳
七月	甲子、丁卯、戊辰、辛未、壬申、丙子、己卯、庚辰、戊子、辛卯、癸巳、庚子、癸卯、甲辰、壬子、丙辰、壬戌、己巳、乙未
八月	乙丑、戊辰、己巳、乙亥、丁丑、癸巳、乙巳、戊申、庚戌、癸丑、丙辰、丁巳、壬戌、甲申、丁亥、己亥、辛丑、甲辰、辛亥、庚申
九月	庚午、乙亥、己卯、壬午、甲申、辛卯、甲午、丙申、癸卯、丙午、戊午、庚申、壬戌、癸酉、丁亥、癸巳、辛亥、癸亥
十月	丁卯、庚午、丙子、己卯、庚辰、壬午、戊子、庚寅、辛卯、甲午、庚子、壬寅、癸卯、甲辰、壬子、乙卯、丙寅、戊寅、甲寅、丙辰、戊午
十一月	乙丑、戊辰、己巳、壬申、乙亥、甲申、丁亥、己丑、壬辰、癸巳、丙申、甲辰、乙巳、戊申、癸丑、丙辰、庚申、乙未、己亥
十二月	丙寅、己巳、乙亥、戊寅、壬午、甲申、丁亥、癸巳、甲午、丙申、壬寅、乙巳、甲寅、庚申、辛亥、戊午

◎ 表三十：

入宅、搬家擇日哪些日子可用，哪些日子不可用

入宅、搬家注意事項：

1、屋宅坐向（年、月、日、時均忌）

2、沖主事，正偏沖均忌。宅眷不要正沖即可

3、三殺日（主事）

4、大利年、不利年（例95年丙戌年）：大利：東、西方，不利：北方。

入宅		忌例	正	二	三	四	五	六	七	八	九	十	十一	十二
月破		大凶	申	酉	戌	亥	子	丑	寅	卯	辰	巳	午	未
受死		俗忌	戌	辰	亥	巳	子	午	丑	未	寅	申	卯	酉
天火		俗忌	子	酉	午	卯	子	酉	午	卯	子	酉	午	卯
往亡		凶忌	寅	巳	申	亥	卯	午	酉	子	辰	未	戌	丑
歸忌		凶忌	丑	寅	子	丑	寅	子	丑	寅	子	丑	寅	子
天賊	Δ	明星制	辰	酉	寅	未	子	巳	戌	卯	申	丑	午	亥
天瘟	Δ	吉多可用	未	戌	辰	寅	午	子	酉	申	巳	亥	丑	卯
地賊	Δ	吉多可用	丑	子	亥	戌	酉	申	未	午	巳	辰	卯	寅
瓦陷	Δ	吉多可用	巳	子	丑	申	卯	戌	亥	午	未	寅	酉	辰
荒蕪	Δ	可用	巳	酉	丑	申	子	辰	亥	卯	未	寅	午	戌
蚩尤	Δ	從俗	寅	辰	午	申	戌	子	寅	辰	午	申	戌	子
紅紗	Δ	丑日方忌	酉	巳	丑	酉	巳	丑	酉	巳	丑	酉	巳	丑
天牢	Δ	吉多可用	申	戌	子	寅	辰	午	申	戌	子	寅	辰	午
白虎	Δ	麒麟制	午	申	戌	子	寅	辰	午	申	戌	子	寅	辰
朱雀	Δ	鳳凰制	卯	巳	未	酉	亥	丑	卯	巳	未	酉	亥	丑
離巢	Δ	吉多可用	辰	丑	戌	未	卯	子	酉	午	寅	亥	申	巳

瘟出日	Δ	吉多可用	初九	初八	初七	三十	廿九	廿八	廿三	廿二	廿一	十六	十五	十四
瘟入日		凶忌	初六	初五	初四	廿七	廿六	廿五	二十	十九	十八	十三	十二	十一
橫天朱雀		俗忌	廿五	廿五	廿五	廿五	廿五	廿五	廿五	廿五	廿五	廿五	廿五	廿五
楊公忌		大凶	十三	十一	初九	初七	初五	初三	初一 廿九	廿七	廿五	廿三	廿一	十九
冰消瓦碎		俗忌	初七	初八	初六	初七	初五	初六	初四	初五	初三	初四	初二	初三
正絕煙		大忌	丁卯	甲子	癸酉	庚午	丁卯	甲子	癸酉	庚午	丁卯	甲子	癸酉	庚午
正四廢		凶忌	庚申	辛酉	庚申	壬子	癸亥	壬子	甲寅	乙卯	甲寅	丙午	丁巳	丙午
正四廢		凶忌	辛酉	庚申	辛酉	癸亥	壬子	癸亥	乙卯	甲寅	乙卯	丁巳	丙午	丁巳
火星日		俗忌	乙丑	甲子	壬申	乙丑	甲子	壬申	乙丑	甲子	壬申	乙丑	甲子	壬申
火星日		俗忌	甲戌	癸酉	辛巳	甲戌	癸酉	辛巳	甲戌	癸酉	辛巳	甲戌	癸酉	辛巳
火星日		俗忌	癸己未	壬戊午	庚寅	癸己未	壬戊午	庚寅	癸己未	壬戊午	庚寅	癸己未	壬戊午	庚寅
火星日		俗忌	辛丑	庚子	戊申	辛丑	庚子	戊申	辛丑	庚子	戊申	辛丑	庚子	戊申
火星日		俗忌	壬辰	辛卯	己亥	壬辰	辛卯	己亥	壬辰	辛卯	己亥	壬辰	辛卯	己亥
火星日		俗忌	庚戌	己酉	丁巳	庚戌	己酉	丁巳	庚戌	己酉	丁巳	庚戌	己酉	丁巳
Δ子午頭殺忌入宅，註明在 柱上樑凶例中														
以下不以月份論														
雀中日					丙寅	乙亥	甲申	癸巳	壬寅	辛亥	庚申	（此七日用鳳凰符制）		
虎中日					戊辰	丁丑	丙戌	乙未	甲辰	癸丑	壬戌	（此七日用麒麟符制）		
真滅沒		凶	弦日、逢虛		晦日逢婁		朔日逢角		望日逢亢		虛日逢鬼		盈日逢牛	
氣往亡		凶												
四離絕		俗忌	立春、春分前一日			立夏、夏至前一日			立秋、秋分前一日			立冬、冬至前一日		
二分至日		吉多可用	春分	秋分	冬至	夏至								
大退日			初一子	初三未	初五午	初九酉	十一卯	十三寅	十七丑	廿一子	廿五戌	廿七卯	廿九申	依月份論
離巢日		吉多可用	丁卯	戊辰	己巳	戊寅	辛巳	戊子	己丑	戊戌	己亥	辛丑	戊午	壬戌

氣往亡：立春第七日、驚蟄第十四日、清明第廿一日、立夏第八日、芒種第十六日、小暑第廿四日、立秋第九日、白露第十八日、寒露第廿七日、立冬第十日、大雪第二十日、小寒第三十日															
餘吉凶與 造同															
周堂值徙、亡、耗、離、刑為凶逢顯星、曲星、傳星（在嫁娶吉例中）可制化或用三皇符制吉															
大月周堂															
初一清		初二道	初三階	初四徙	初五盛	初六亡	初七福	初八嚴	初九福	初十耗	十一武	十二民	十三王	十四離
十五財		十六刑	十七清	十八道	十九階	二十徙	廿一盛	廿二亡	廿三福	廿四嚴	廿五福	廿六耗	廿七武	廿八民
廿九王		三十離												
小月周堂															
初一王		初二民	初三武	初四耗	初五福	初六嚴	初七福	初八亡	初九盛	初十徙	十一階	十二道	十三清	十四刑
十五財		十六離	十七王	十八民	十九武	二十耗	廿一福	廿二嚴	廿三福	廿四亡	廿五盛	廿六徙	廿七階	廿八道
廿九清														

❖第九章❖

安香、安神
擇日要點

在一般社會習俗中，遇上要安神之時擇日就顯得很重要，大都蠻慎重的。不管私人或公家機關大概都會擇吉日良時來安神以求吉利，以下所選之日子就是運用古傳所留下的安神方法選擇出最佳的日子及時辰，請遵守表中各項注意事項進行。

（正確的安香、安神擇日是必須篩選很多條件，諸如第三章共用資料表A及表B、第五章第四節的表十九至表二十，及第八章第七節的表二十九至表三十，再加本章第六節表三十一至表三十二之所有條件都需用到。）安神時需考慮條件較多，最好請專業老師規劃較好。

第一節 安神擇日條件如下

1、以主事者之生辰八字不沖剋為第一考量重點。

2、再以神位坐向不沖剋為第二考量重點。

3、再以安神之年、月份來配合挑選最佳日子。

4、接續以安神之各項「吉、凶」忌例為擇日重點。

5、一定要考量與本命六沖、三殺、三刑、官符、六害、箭刃、回頭貢煞等日子均不可用。

6、運用通書吉神、凶神、黃道吉神、黑道凶神等等吉凶時表來選擇最佳時辰。

7、最後運用「奇門遁甲」最佳方位法輔助來達成吉日良時成功圓滿。

第二節　安香、安神實際案例演練

一、主事、主饋、年次、眷屬年次

二、神位的坐向

三、按幾月份安香

四、安香

◎ 例：神位坐南向北

主事：丙午年生

主饋：己酉年生

宅眷：辛未、甲戌、丁丑生

宅母：辛巳生

按九月份安香

★ 擇日條件：參考共用資料表A、B、C

神位坐南向北：申子辰日殺南不用

主事：丙午年六沖子日，三殺丑日不用；回頭貢殺無

主饋：己酉年六沖卯日，三殺辰日不用；回頭貢殺無

三刑：午、酉（三合、六合、貴人可解）

宅母：辛巳年六沖亥日不用

眷屬：辛未年六沖丑日

　　　甲戌年六沖辰日

丁丑年六沖未日

餘可參閱本章第七節的表二十九、表三十

安香可用：九月初九丙戌日午時，餘可參閱本章第七節的表二十九、表三十

經以上種種條件考慮所選出的日子及時辰如下表，請參考行事，祝一切平安順利。

◎ 表一：

<table>
<tr><td>巳日</td><td>午日</td><td>未日</td><td>申日</td></tr>
<tr><td></td><td>三刑</td><td>宅眷</td><td>年殺</td></tr>
<tr><td>辰日</td><td colspan="2" rowspan="4">宅：坐南向北
主事：丙午年
主饋：己酉年
眷屬：辛未、甲戌、丁丑
宅母：辛巳</td><td>酉日</td></tr>
<tr><td>年殺 宅眷 三殺</td><td>三刑</td></tr>
<tr><td>卯日</td><td>戌日</td></tr>
<tr><td>主饋</td><td></td></tr>
<tr><td>寅日</td><td>丑日</td><td>子日</td><td>亥日</td></tr>
<tr><td></td><td>宅眷 三殺</td><td>年殺 主事</td><td>宅母</td></tr>
</table>

第三節　安香、安神吉課行事表

先生 小姐：

安香安神吉課

吉屋　坐　　向

本年　大利

主事

生日

家屬：

◎茲依先賢諸家之訣擇吉如次：

安神

擇於國曆　　年　　月　　日

農曆　　年　　月　　日　　時

歲人避吉

步驟

一、擇日　　二、　　三、　　四、

五、　　六、　　七、　　八、

該時辰之奇門遁甲方位在：

吉日良時
四柱課局

年	月	日	時

服務項目

陽宅堪輿、擇日、動土擇日、開市擇日、合婚擇日、剖腹生產擇日、命名改名、嬰兒命名、公司命名、開運名片、開運印鑑八字論命、奇門遁甲、命理授課及專題演講

吉祥坊易經開運中心

電話：(04)24521393

傳真：(04)24513496

台中市西屯路二段297之8巷78號

第四節 由通書直接查閱安香、安神吉課

通書這一頁，就是讓您簡易查出安神、安香適合的日子。

國曆 10月大

17日 水 三期星	18日 木 四期星	19日 金 五期星	20日 土 六期星	21日 日 日期星
卯時帝旺 辰時三奇 未申二時 貪狼入中 聖人登殿	子時三奇 辰巳二時 左輔入中 聖人登殿 戌時三奇	時五福午 時入巽宮 申正 上弦二刻 四分 寅時長生 午時大進 丙火明炎	尊星到離 帝星到坎 玉印到兌 玉清到震 四吉臨星	子時大進 寅時三奇 辰時三合
沖虎煞南 初七甲申 申時登貴	沖兔煞東 初八乙酉 未時登貴	沖龍煞北 豬兔羊殺 初九丙戌 未時三奇 午時登貴	沖蛇煞西 初十丁亥 辰午登貴	十一戊子
水開 一白 箕伐	水閉 九紫 中 斗伐	土建 八白 中 牛寶	土除 七赤 中 女伐	火滿 虛制
齋醮酬神（明星丙時妻宿制）訂盟納采結婚姻裁衣冠笄作染雕刻伐木架馬做樑開柱眼 出火拆卸修造動土豎柱上樑起基定磉穿栟槅架歸岫蓋屋合脊安門灶移徙入 宅安香洽火（明星丙時妻宿制）成除服啓攢●正沖戊寅10的呼壬辰56胎神門爐外西北	五合神在不守塚七聖鳴吠除神●滅門泉閉血支車鼓輪食鄉龍禁地中虎雀乾 憲宜沐浴剃頭掃舍宇○協紀整手足甲補垣塞穴○通宜祭祀酬神（勿用鼓樂）裁衣合 拆灶凶日 帳冠笄嫁娶安床作灶造畜稠棲棧入殮移柩成除服破土啓攢火 葬進金安葬（麟符爐火吉）立碑●正沖己卯69歲○的呼丙子12歲胎神碓磨門外西北	天月德母倉天馬天解兵福滿德●三喪月建土府橫天門光值夫白虎斧煞壬空 憲宜祭祀上表章上官赴任結婚姻會親友出行○協紀祈福求嗣臨政親民解除 麒麟日 牧養納畜○通宜開光塑繪酬神問名訂盟納采裁衣合帳冠笄作染 歸岫蓋屋合脊安砛床（新婚審用）移徙入宅安香分居開市立券交易納財捕捉造畜稠 棲棧●正沖庚辰68 8歲○的呼甲子24歲○胎神廚灶棲外西北●忌嫁娶安葬	歲德合傳星吉期玉堂天成天玉神在●重日門光食主小空土符天兵破碎無祿 憲宜出行沐浴掃舍宇○協紀不取○通宜祭祀解除裁衣合帳冠笄會親友雕刻 做樑安床移徙入宅安香分居造車器開市立券交易造畜稠棲棧●正沖辛巳人 67歲○的呼丁巳人31歲丁亥人61歲○胎神倉庫床外西北⊙食主忌開光塑繪	時德天巫天嗣天富天岳七聖●歸忌天火重喪債木門光天狗土瘟五不遇上兀 憲宜沐浴○協紀不取○通宜剃頭會親友安床立券交易結網教牛馬●正沖壬

第五節　一般安香、安神之儀軌

安神位儀軌

一、擇吉日良時。

二、準備神明供品：紅湯圓3碗，發粿2個，餅乾及糖果共12碗，菜碗6碗（生熟皆可，如金針、木耳、香菇、蓮子、冬粉、筍乾），五果（鳳梨、香蕉、蘋果、葡萄、瓜子），麵龜、紅粿、龜粿各6盤，也可加三牲酒禮。準備祖先供品：紅湯圓3碗，五果（圓型四季水果為佳）、菜碗6碗（含糖果及餅乾）、紅龜粿6盤、飯菜桌（飯、湯、菜10項）、三牲酒禮。10付碗筷（或依習俗），若有準備魚不宜用整條。

三、安神位有其專業步驟、咒語疏文。建議請自己所信任之老師幫忙。

第六節　一般安香、安神必須慎選之條件表格

在第九章第一節、第二節、第三節、第四節的舉例中為什麼能選出一般安香、安神擇日，其實是經過許許多多的關煞一一篩選而挑出的，以下的表三十一至表三十二就是一般安香、安神擇日所必須一一核對的關煞，如果是凶日必須一一剔除，這些表格就不用背了，用查的就可以啦。

以下二表顯示該月份所能選用的日子，但必須配合主事者之各種條件才行。

◎ 表三十一：

安香、安神	
正月	庚午、辛未、癸酉、乙亥、己卯、壬午、乙酉、丁亥、辛卯、甲午、丁酉、癸卯、丙午、丁未、己酉
二月	乙丑、丁卯、辛未、壬申、甲戌、乙亥、丁丑、癸未、甲申、丙戌、丁亥、己丑、乙未、丙申、己亥、辛丑、丁未、戊申、辛亥
三月	乙巳、己酉、丁卯、己巳、乙酉、癸巳、丁酉
四月	甲子、戊辰、癸酉、丙子、庚辰、壬午、乙酉、丙戌、戊子、甲午、丁酉、戊戌、庚子、甲辰、丙午、己酉、丙辰、戊午、辛酉、壬戌
五月	戊辰、辛未、甲戌、乙亥、庚辰、癸未、甲申、丙戌、壬辰、乙未、戊戌、己亥、甲辰、丁未、戊申、庚戌、辛亥、丙辰
六月	丁卯、己巳、辛未、乙亥、己卯、甲申、丁亥、辛卯、癸巳、丙申、癸卯、甲辰、辛亥、乙卯、庚申
七月	甲子、丁卯、戊辰、己巳、辛未、壬申、丙子、己卯、庚辰、戊子、辛卯、癸巳、乙未、戊戌、庚子、癸卯、甲辰、丁未、戊申、壬子、
八月	乙丑、戊辰、己巳、乙亥、丁丑、庚辰、辛巳、丁亥、己丑、壬辰、癸巳、辛丑、甲辰、乙巳、庚戌、辛亥、癸丑、丙辰、丁巳、庚申、壬戌
九月	庚午、癸酉、乙亥、己卯、壬午、甲申、丁亥、辛卯、甲午、丙申、癸卯、丙午、辛亥、戊午、庚申、壬戌、癸亥

十月	丁卯、庚午、丙子、己卯、庚辰、壬午、戊子、辛卯、甲午、庚子、癸卯、甲辰、壬子、乙卯、丙辰、戊午
十一月	乙丑、戊辰、己巳、壬申、乙亥、丁丑、庚辰、辛巳、甲申、己丑、壬辰、癸巳、乙未、丙申、甲辰、乙巳、戊申、
十二月	己巳、乙亥、壬午、丁亥、癸巳、甲午、乙巳、辛亥、戊午、庚申

◎ 表三十二：

安香		忌例	正	二	三	四	五	六	七	八	九	十	十一	十二
月破		大凶	申	酉	戌	亥	子	丑	寅	卯	辰	巳	午	未
受死		俗忌	戌	辰	亥	巳	子	午	丑	未	寅	申	卯	酉
天賊		明星制	辰	酉	寅	未	子	巳	戌	卯	申	丑	午	亥
天火		俗忌	子	酉	午	卯	子	酉	午	卯	子	酉	午	卯
紅紗		丑日凶	酉	巳	丑	酉	巳	丑	酉	巳	丑	酉	巳	丑
月建日	X	即土府	寅	卯	辰	巳	午	未	申	酉	戌	亥	子	丑
天瘟日	Δ	吉多用	未	戌	辰	寅	午	子	酉	申	巳	亥	丑	卯
正四廢	X	忌	庚申	辛酉	庚申	壬子	癸亥	壬子	甲寅	乙卯	甲寅	丙午	丁巳	丙午
正四廢	X	忌	辛酉	庚申	辛酉	癸亥	壬子	癸亥	乙卯	甲寅	乙卯	丁巳	丙午	丁巳
冰消瓦碎	X	俗忌	初七	初八	初六	初七	初五	初六	初四	初五	初三	初四	初二	初三
真滅沒	X	凶	弦日逢虛		晦日逢婁		朔日逢角		望日逢亢		虛日逢鬼		盈日逢牛	
大退日	Δ		初一子	初三未	初五午	初九酉	十一卯	十三寅	十七丑	廿一子	廿五戌	廿七卯	廿九申	每月同論
四離絕	X	俗忌	立春、春分		前一日	立夏、夏至		前一日	立秋、秋分		前一日	立冬、冬至		前一日
遊禍	X	俗忌	巳	寅	亥	申	巳	寅	亥	申	巳	寅	亥	申

<table>
<tr><td colspan="2">伏斷日例在嫁娶忌例中</td></tr>
<tr><td colspan="2">Δ雷霆白虎：入中宮，若入宅、安香應用麒麟符制化</td></tr>
<tr><td colspan="2">Δ大殺白虎：戊辰、丁丑、丙戌、乙未、甲辰、癸丑、壬戌日為白虎入中宮，入宅、安香應用麒麟符制</td></tr>
<tr><td colspan="2">Δ朱雀入中宮：丙寅、乙亥、甲申、癸巳、壬寅、辛亥、庚申日，安香、入宅宜用鳳凰符或鳳凰日、壬、癸水制化或一白水納音水、冬令吉制化</td></tr>
<tr><td colspan="2">X 寅日</td></tr>
<tr><td colspan="2">X 遊禍</td></tr>
<tr><td colspan="2">X 子午頭殺忌入宅、安香、上樑（凶例證明在 柱、上樑中）</td></tr>
<tr><td rowspan="5">Δ雷霆白虎入中宮</td><td>甲己之月丁卯、丙子、乙酉、甲午、癸卯、壬子、辛酉日</td></tr>
<tr><td>乙庚之月戊辰、丁丑、丙戌、乙未、甲辰、癸丑、壬戌日</td></tr>
<tr><td>丙辛之月辛未、庚辰、己丑、戊戌、丁未、丙辰日</td></tr>
<tr><td>丁壬之月乙丑、甲戌、癸未、壬辰、辛丑、庚戌、己未日</td></tr>
<tr><td>戊癸之月辛未、庚辰、己丑、戊戌、丁未、丙辰日</td></tr>
<tr><td colspan="2">Δ麒麟宿日春井宿、夏尾宿、秋牛宿、冬壁宿，可制白虎</td></tr>
<tr><td colspan="2">Δ鳳凰宿日春危宿、夏昴宿、秋胃宿、冬畢宿，可制朱雀</td></tr>
<tr><td colspan="2">Δ每天的六戊時不宜安香</td></tr>
<tr><td colspan="2">Δ每天的壬、癸時為截路空亡，不宜安香</td></tr>
<tr><td colspan="2">Δ大月初四、初五、初八、十二、十三、十六、二十、廿一、廿四、廿八、廿九</td></tr>
<tr><td colspan="2">Δ小月初四、初七、初八、十二、十五、十六、二十、廿三、廿四、廿八</td></tr>
<tr><td colspan="2">為周堂值星凶字，宜顯星、曲星、傅星（例在嫁娶吉星中）化解，或用三皇符制化權用</td></tr>
<tr><td colspan="2">Δ其他宜忌與入宅同</td></tr>
</table>

❖第十章❖

開張、開市擇日要點

在一般社會習俗中，公司、工廠、商店不管新開張或每年新春開市等大概都會擇吉日良時來開張、開市以求吉利，以下所選之日子就是運用古時所留下的擇開張、開市方法選擇出最佳的日子及時辰，請遵守表中各項注意事項進行。

（正確的開張、開市擇日是必須篩選很多條件，諸如第三章共用資料表A及本章第七節的表三十三至表三十七之所有條件都需用到。）

第一節　開張、開市擇日條件如下

1、以主事者之生辰八字不沖剋為第一考量重點。

2、再以房屋坐向不沖剋為第二考量重點。

3、再以開張、開市之年月份來配合挑選最佳日子。

4、接續以開張、開市之各項「吉、凶」忌例為擇日重點。

5、一定要考量與本命六沖、三殺、三刑、官符、六害、箭刃、回頭貢煞等日子均不可用。

6、運用通書吉神、凶神、黃道吉神、黑道凶神等等吉凶時表來選擇最佳時辰。

7、最後運用「奇門遁甲」最佳方位法輔助來達成吉日良時成功圓滿。

第二節　開張、開市實際案例演練

1、主事者年次

2、合夥人年次

3、沖主事者三殺日

4、營業地點的坐向（急者：三煞月可權用）

◎ 例：

主事：丁巳年生

合夥人：辛卯年生

按六月開幕

★ 擇日條件：

主事：丁巳年六沖亥日，三殺辰日不用；回頭貢殺無

三刑→寅申

合夥人：辛卯年六沖酉日，三殺戌日不用；回頭貢殺無

三刑→子

餘可參閱第七節的表三十三～表三十七

開張開市可用：丁亥年六月廿一己巳日卯時

經以上種種條件考慮所選出的日子及時辰如下表，請參考行事，祝一切平安順利。

◎ 表一：

巳日	午日	未日	申日
			三刑
辰日	主事：丁巳 合夥人：辛卯		酉日
三殺			合夥
卯日			戌日
			三殺
寅日	丑日	子日	亥日
三刑		三刑	主事

第三節　開張、開市吉課行事表

先生 小姐：

開張開市吉課

吉屋：坐　　向

本年：大利

主事：　　家屬：

◎茲依先賢諸家之訣擇吉如次：

開張 開市：擇於國曆　年　月　日

農曆　年　月　日　時

歲人避吉

步驟：
一、擇日
二、
三、
四、
五、
六、
七、
八、

該時辰之奇門遁甲方位在：

吉日良時　四柱課局

年	月	日	時

服務項目

陽宅堪輿、擇日、動土擇日、開市擇日、合婚擇日、剖腹生產擇日、命名改名、嬰兒命名、公司命名、開運名片、開運印鑑八字論命、奇門遁甲、命理授課及專題演講

吉祥坊易經開運中心
電話：(04)24521393
傳真：(04)24513496
台中市西屯路二段297之8巷78號

第四節　由通書直接查閱開市、開張吉課

通書就翻到這一頁，每月的好日子都已選好，只要再篩選主事者及宅眷之八字即可找出適合的日子了。

開市營業開張求財吉課

⊙正月令壬寅管局
正月初三乙酉日2辰巳時
正月初六戊子日5卯辰巳
正月初九辛卯日1卯午時
正月二十甲午日4卯巳午
⊙二月令癸卯管局
正月十七己亥日2午節後
正月廿五丁未日3辰巳午
正月廿九辛亥日密卯午時
二月初六丁巳日6辰巳午
二月初八己未日1卯巳午
二月十一壬戌日4巳午時
二月十二癸亥日5卯辰時
二月十六丁卯日2辰巳午
⊙三月令甲辰管局
二月廿一壬申日密辰巳午
二月廿五丙子日4卯時吉
二月廿七戊寅日6辰巳明
三月初二壬午日3辰巳午
三月初八戊子日2卯辰巳
三月初十庚寅日4巳明星
三月十二壬辰日6辰巳午
⊙四月令乙巳管局
三月二十庚子日密辰巳後
三月廿一辛丑日1卯午時

三月廿三癸卯日3卯辰巳
三月廿六丙午日6卯午進
三月廿九己酉日2巳午時
四月初三癸丑日6卯辰巳
四月十一辛酉日密午時進
四月十四甲子日3卯巳時
四月十七丁卯日6辰巳午
四月二十庚午日2卯辰巳
⊙五月令丙午管局
四月廿一辛未日3午節後
四月廿二壬申日4辰巳午
四月廿四甲戌日6卯巳午
四月廿八戊寅日3卯辰巳
五月初四癸未日1卯辰巳
五月初五甲申日2卯巳午
五月十一庚寅日1卯辰巳
五月十六乙未日6卯辰巳
五月十七丙申日密卯午進
五月十九戊戌日2卯巳時
五月廿二辛丑日5卯午時
⊙六月令丁未管局
五月廿四癸卯日密卯辰巳
六月初一己酉日6巳午時
六月初九丁巳日密巳午明

六月十二庚申日3卯辰巳
六月十三辛酉日4午時進
六月十八丙寅日2卯午進
六月廿一己巳日5卯巳午
六月廿三辛未日密卯午進
六月廿四壬申日1辰巳午
⊙七月令戊申管局
七月初一己卯日1卯巳午
七月初三辛巳日3卯午進
七月十三辛卯日6卯午進
七月十四壬辰日密辰巳午
七月廿五癸卯日4卯辰巳
七月廿七乙巳日6卯節前
⊙八月令乙酉管局
七月廿七乙巳日6巳節後
八月初四辛亥日5卯午進
八月初九丙辰日3卯午進
八月初十丁巳日4辰巳午
八月十五壬戌日2巳午時
八月十六癸亥日3卯辰時
八月廿一戊辰日1卯辰巳
八月廿八乙亥日1卯辰時
⊙九月令庚戌管局
八月廿九丙子日2卯節後

九月初五壬午日1辰巳午
九月初七甲申日3巳明星
九月初九丙戌日5卯午進
九月初十丁亥日6辰午時
九月廿三庚子日5卯辰巳
⊙十月令辛亥管局
十月初二己酉日密巳午時
十月初五壬子日3辰巳時
十月初七甲寅日5卯巳午
十月初八乙卯日6卯辰巳
十月十七甲子日1卯巳時
十月二十丁卯日4辰巳午
十月廿三庚午日密卯辰巳
十月廿六癸酉日3辰巳時
⊙十一月令壬子管局
十一月初一戊寅日1卯辰巳
十一月廿四辛丑日3卯午進
十一月廿五壬寅日4辰巳午
⊙十二月令癸丑管局
十二月初二戊申日3卯辰巳
十二月初八甲寅日2卯巳午
十二月二十丙寅日密卯午進
十二月廿一丁卯日1辰巳午
十二月廿六壬申日6辰巳午

通書這一頁，就是讓您簡易查出開張、開市適合的日子。

1日 水 星期三	2日 木 星期四	國曆 8月大	3日 金 星期五	4日 土 星期六	5日 日 星期日
時五福西 時入艮宮 未申二時 左輔入中 聖人登殿 未時一氣	蛇雞牛殺 卯時回頭貢狗 寅時長生 辰時喜神	超立秋中 陰五局乙六 丙七丁八	尊星到兌 帝星到震 玉印到坎 玉清到離 四吉臨星	卯時回頭貢狗 卯時大進 巳時進貴	猴鼠龍殺 卯時三合 午時大進 文學貴人 卯時回頭貢狗
沖雞煞西 十九丁卯 午申登貴	沖狗煞南 二十戊辰 辰時登貴		沖豬煞東 子時大進 廿一乙巳 卯時回頭貢狗 巳酉登貴	沖鼠煞北 廿二庚午 辰戌登貴	沖牛煞西 廿三辛未 卯亥登貴
火成 六白中 壁義	木收 五黃 奎和		木開 四綠中 婁義	土閉 三碧 胃伐	土建 二黑 昴義
紀上冊受封祈福求嗣酬神襲爵受封臨政親民醞釀○通宜祭祀開光塑繪習藝 問名訂盟納采裁衣冠笄嫁娶麟符吉出火拆卸起基定磉豎柱上樑歸岫蓋屋合脊 安砱床移徙入宅安香洽火造廟橋倉庫船寨入殮移柩成除服啓攢火葬進金安 葬麟符爐火吉立碑●正沖辛酉27歲○的呼甲午54歲甲戌14歲胎神倉庫門外正南	天恩四相時德天馬神在七聖●龍禁短星凶敗白虎臥尸檳榔離巢黑道虎上兀 憲宜祭祀捕捉○協紀不取○通宜作灶●正沖壬戌人26歲○的呼癸酉人15歲 癸未人65歲○胎神占在房床栖外正南方⊙龍禁日忌造船檣⊙臥尸日忌安床		傳星天月德合福厚生氣福生●月厭重日陰錯天賊離巢檳榔殺門光路虎小空 憲宜祭祀入學○協紀不取○通宜開光塑繪祈福酬神明星丙制時婁宿求嗣剃頭求醫 烏兔太陰丑時 治病裁衣穿耳會親友冠笄嫁娶有翁麟符吉伐木做樑開柱 眼出火拆卸起基穿栟榻架豎柱上樑蓋屋合脊作灶開市立券交易移徙入宅安 香明星丙制時婁宿牧養納畜●正沖癸亥25歲的呼甲辰44己未29歲胎神門床外正南	六合官日鳴吠節會不守塚吉慶●受死門光星注亡食主流財休廢爭訟食骨虎 探病凶日 憲宜不取○協紀醞釀○通宜結網畋獵入殮移柩成除服啓攢火 葬進金安葬麟符爐火吉立碑●正沖甲子24歲○的呼壬戌26歲○胎神碓磨外正南	月恩聖心不守塚兵吉神在●月建土府三喪食主值婦瘟入絕氣門光斧煞鼓輪 鳳凰日○密日 憲宜祭祀會親友開市納財○協紀襲爵受封臨政親民解 除開倉庫出貨財○通宜祈福酬神勿用鼓樂問名訂盟納采裁衣合帳雕刻豎柱上樑

第五節　一般開張、開市之儀軌

新店開幕祈福

開幕前或當天，由負責人親自到當地土地廟上香稟告：

信士000於　年　月　日將於（詳細地址）開店，店名（全名），敬請土地公賜福賜財、門庭若市、生意興隆、財源廣進……

一、開幕當天應準備之供品：五果、紅圓6碗、發粿、糖果及餅乾6碗、太極金、壽金3千、四方金6支、福金6支、補運金、神馬甲馬、鮮花及蠟燭1對、清茶3杯、香爐（簡易型）。供品亦可用三牲酒禮。

二、開幕當天將供品擺於店面前之方位，每人3炷香，由主祭者站中間，其餘排列於後，上稟：今日良時吉日，有（公司名）位於（地址）之吉地，由信士000代表，帶領善信士（全部人員）等，備香、花、果品於前奉香拜請五路財神、各方財神爺、福德正神、眾天神及神兵神將，降臨本吉地，善信士000等一心虔誠奉請來保佑本（公司）經營有方、生意興隆、財源廣進，人員出入平安、大吉昌（拜3拜），再次奉請眾神鑑納。

三、開幕當天下午應拜地基主。

第六節　開市、開工求財法

開市（開張）一般公司行號大都依往例拜財神或土地公，希望財神或土地公保佑生意興隆、發大財。

正式開市（開張）之時，必須先選好吉日良時，然後在準備開市的地方，準備祭祀的祭品，簡單隆重即可，大體上看店家的誠意或習俗。（可參考如下）

1、水果：三種或五種均可。

2、清酒和茶：各三杯。

3、發粿（或蛋糕）：發粿下壓紅包，以象徵「發財利市」。

4、其他糕餅、餅乾等。

5、四色金。（天金、尺金、壽金、刈金）

6、蠟燭、鞭炮。（可用鞭炮音樂或喜氣音樂代替）

而根據傳統習俗，燃放鞭炮要由當日吉方由外向內點放鞭炮，代表納吉、旺財又進財。

另用紅紙書寫「祿馬貴人到此」，在拜財神或土地公時放在供桌上。等拜完後，要拿進來放在老闆的辦公桌上或櫃檯。放時口唸：「進進進，祿馬貴人到位，為我招來財源，招來客戶，大進大利大吉昌。」

第七節　一般開張、開市必須慎選之條件表格

在第十章第一節、第二節、第三節、第四節的舉例中為什麼能選出一般開張、開市擇日，其實是經過許許多多的關煞一一篩選而挑出的，以下的表三十三至表三十七就是一般開張、開市擇日所必須一一核對的關煞，如果是凶日必須一一剔除，這些表格就不用背了，用查的就可以啦。

以下各表顯示該月份所能選用的日子，但必須配合主事者之各種條件才行。

◎ 表三十三：

開市	
正月	甲子、庚午、癸酉、丙子、己卯、壬午、乙酉、戊子、辛卯、甲午、庚子、癸卯、丙午、戊午
二月	己巳、甲戌、乙亥、辛巳、癸未、丙戌、丁亥、癸巳、己亥、乙巳、丁未、丁巳、己未
三月	甲子、丙寅、庚午、丙子、戊寅、壬午、甲申、戊子、庚寅、甲午、庚子、壬寅、丙午、甲寅
四月	乙丑、癸酉、丁丑、己卯、壬午、乙酉、戊子、己丑、辛卯、丙申、丁酉、辛丑、丙午、己酉、癸丑、庚申、辛酉、癸卯
五月	丙寅、壬申、甲戌、戊寅、甲申、丙戌、庚寅、丙申、戊戌、壬寅、丁未、戊申、癸丑、甲寅、己未

六月	丙寅、丁卯、己巳、壬申、癸酉、乙亥、戊寅、己卯、辛巳、甲申、乙酉、庚寅、辛卯、丙申、丁酉、壬寅、癸卯、己酉、庚申、辛酉、己亥、乙巳、辛亥、己未
七月	戊辰、己卯、庚辰、壬午、壬辰、甲午、癸卯、丙辰、丁巳、壬戌、丁卯、己巳、庚午、壬申、辛巳、辛卯、癸巳
八月	乙丑、戊辰、己巳、乙亥、庚辰、辛巳、丁亥、己丑、癸巳、戊戌、己亥、乙巳、戊申、辛亥、癸丑、丁巳、癸亥
九月	庚午、壬申、丙子、壬午、甲申、丁亥、戊子、甲午、丙申、庚子、丙午、戊申、壬子、庚申
十月	丙寅、丁卯、庚午、癸酉、丙子、戊寅、壬午、乙酉、庚寅、辛卯、丁酉、壬寅、癸卯、己酉、甲寅、乙卯、壬子、甲子、庚子
十一月	乙丑、丙寅、丁丑、戊寅、庚寅、己丑、壬寅、癸丑、甲寅、辛丑
十二月	丁卯、壬申、乙亥、戊寅、己卯、甲申、丁亥、辛卯、甲午、丙申、戊申、辛亥、甲寅、乙卯、庚申

◎ 表三十四：

開張、開市擇日哪些日子可用，哪些日子不可用				
開市、開幕、開工注意事項：				
1、屋宅坐向：（三殺月）				
2、沖主事				
3、主事三殺日				
4、或配合奇門遁甲來開市開張				
傳送吉時				
		子日未時	丑日子時	寅日酉時
		卯日寅時	辰日亥時	巳日辰時
		午日丑時	未日午時	申日卯時
		酉日申時	戌日巳時	亥日戌時
功曹吉時				
		子日丑時	丑日午時	寅日卯時
		卯日申時	辰日巳時	巳日戌時
		午日未時	未日子時	申日酉時
		酉日寅時	戌日亥時	亥日辰時

吉凶星名	吉凶	正	二	三	四	五	六	七	八	九	十	十一	十二
寒	暗星	寅	辰	午	申	戌	子	寅	辰	午	申	戌	子
谷	暗星	卯	巳	未	酉	亥	丑	卯	巳	未	酉	亥	丑
時	明星	辰	午	申	戌	子	寅	辰	午	申	戌	子	寅
暄	明星	巳	未	酉	亥	丑	卯	巳	未	酉	亥	丑	卯
定	暗星	午	申	戌	子	寅	辰	午	申	戌	子	寅	辰
暖	明星	未	酉	亥	丑	卯	巳	未	酉	亥	丑	卯	巳
晦	明星	申	戌	子	寅	辰	午	申	戌	子	寅	辰	午
窗	暗星	酉	亥	丑	卯	巳	未	酉	亥	丑	卯	巳	未
曉	明星	戌	子	寅	辰	午	申	戌	子	寅	辰	午	申
色	暗星	亥	丑	卯	巳	未	酉	亥	丑	卯	巳	未	酉
須	暗星	子	寅	辰	午	申	戌	子	寅	辰	午	申	戌
明	明星	丑	卯	巳	未	酉	亥	丑	卯	巳	未	酉	亥

◎ 表三十五：

開市													
		正	二	三	四	五	六	七	八	九	十	十一	十二
月破	X	申	酉	戌	亥	子	丑	寅	卯	辰	巳	午	未
閉	X	丑	寅	卯	辰	巳	午	未	申	酉	戌	亥	子
平	△	巳	午	未	申	酉	戌	亥	子	丑	寅	卯	辰
收	△	亥	子	丑	寅	卯	辰	巳	午	未	申	酉	戌
四離	X	春分、秋分、夏至、冬至各前一天											
四絕	X	立秋、立冬、立春、立夏各前一天											
四廢	X	庚申、辛酉			壬子、癸亥			甲寅、乙卯			丙午、丁巳		
受死	X	戌	辰	亥	巳	子	午	丑	未	寅	申	卯	酉
長星	X	7	4	1	9	15	10	8	3、4	3、4	1	12	1
短星	X	21	19	26	25	25	20	22	18、19	16、17	14	22	25
四耗	△	壬子	壬子	壬子	乙卯	乙卯	乙卯	戊午	戊午	戊午	辛酉	辛酉	辛酉
四方耗	X	2	3	4	5	2	3	4	5	2	3	4	5
天窮	△	子	寅	午	酉	子	寅	午	酉	子	寅	午	酉
五窮	△	甲子、乙亥			丁亥、丙子			辛亥、庚子			癸亥、壬子		
九空	△	辰	丑	戌	未	辰	丑	戌	未	辰	丑	戌	未
財離	X	辰	丑	戌	未	卯	子	酉	午	寅	亥	申	巳
亡失 贏本	X	甲 寅	甲 午	甲 戌	丁 巳	丁 酉	丁 丑	庚 申	庚 子	庚 辰	癸 亥	癸 卯	癸 未
此例的意思是亡贏失本，正月為甲寅日・二月為甲午日・三月為甲戌日……													
月煞	△	丑	戌	未	辰	丑	戌	未	辰	丑	戌	未	辰
月刑	△	巳	子	辰	申	午	戌	巳	酉	未	亥	卯	戌
月害	△	巳	辰	卯	寅	丑	子	亥	戌	酉	申	未	午
月厭	△	戌	酉	申	未	午	巳	辰	卯	寅	丑	子	亥

◎ 表三十六：

開市													
	開市	正	二	三	四	五	六	七	八	九	十	十一	十二
天德	○	丁		壬	辛		甲	癸		丙	乙		庚
天德合	○	壬		丁	丙		己	戊		辛	庚		乙
月德	○	丙	甲	壬	庚	丙	甲	壬	庚	丙	甲	壬	庚
月德合	○	辛	己	丁	乙	辛	己	丁	乙	辛	己	丁	乙
天財	○	辰	午	申	戌	子	寅	辰	午	申	戌	子	寅
月財	○	午	巳	巳	未	酉	亥	午	巳	巳	未	酉	亥
天願	○	乙亥	甲戌	乙酉	丙申	丁未	戊午	己巳	庚辰	辛卯	壬寅	癸丑	甲子
天富	○	辰	巳	午	未	申	酉	戌	亥	子	丑	寅	卯
五富	○	亥	寅	巳	申	亥	寅	巳	申	亥	寅	巳	申
三合	○	午・戌	亥・未	申・子	酉・丑	寅・戌	亥・卯	子・辰	巳・丑	寅・午	卯・未	申・辰	巳・酉
滿	○	辰	巳	午	未	申	酉	戌	亥	子	丑	寅	卯
成	○	戌	亥	子	丑	寅	卯	辰	巳	午	未	申	酉
開	○	子	丑	寅	卯	辰	巳	午	未	申	酉	戌	亥
大進日	○												
大進時	○	依	六	十	甲	子	時	局					
六合	○	亥	戌	酉	申	未	午	巳	辰	卯	寅	丑	子
大進日	每月初二逢申日 初四逢亥日 初六逢子日 初八逢卯日 十二逢未日 十六逢辰日 十八逢戌日 二十逢丑日 廿二逢巳日 廿四逢寅日 廿六逢午日 廿八逢酉日												

◎ 表三十七：

開市													
	開市	正	二	三	四	五	六	七	八	九	十	十一	十二
天吏	△	酉	午	卯	子	酉	午	卯	子	酉	午	卯	子
小耗	X	未	申	酉	戌	亥	子	丑	寅	卯	辰	巳	午
五墓	△	乙未	乙未	戊辰	丙戌	丙戌	戊辰	辛丑	辛丑	戊辰	壬辰	壬辰	戊辰
債木	X	月大	3	11	19	27		月小	2	10	18	26	
爭訟	X	月大	6	14	22	30		月小	7	15	23		
大時	△	卯		酉	午		子	酉		卯	子		午
真滅歿	X												
天賊	△	辰	酉	寅	未	子	巳	戌	卯	申	丑	午	亥
地賊	△	子	子	亥	戌	酉	午	午	午	巳	辰	卯	子
劫煞	△	亥	申	巳	寅	亥	申	巳	寅	亥	申	巳	寅
災煞	△	子	酉	午	卯	子	酉	午	卯	子	酉	午	卯
真滅歿	每	月	望	日	逢	亢	宿	或	牛	宿			
	每月月底大月30日小月29日逢婁宿或鬼宿												
	上弦日或下弦日和虛宿相逢，每月初一逢角宿												

❖第十一章❖

開光擇日要點

在一般社會習俗中，遇上要安神、開光之時擇日就顯得很重要，都非常慎重的。不管私人或公家機關大概都會擇吉日良時來安神、開光以求吉利，以下所選之日子就是運用古傳所留下的安神、開光方法選擇出最佳的日子及時辰，請遵守表中各項注意事項進行。

（正確的開光擇日是必須篩選很多條件，諸如第三章共用資料表A，及本章第四節的表三十八至表四十一之所有條件都需用到。）

第一節　開光擇日條件如下

1、以開光之年月份來配合挑選最佳日子。

2、接續以開光之各項「吉、凶」忌例為擇日重點。

3、運用通書吉神、凶神、黃道吉神、黑道凶神等等吉凶時表來選擇最佳時辰。

第二節　由通書直接查尋閱開光點眼吉課

通書就翻到這一頁，每月的好日子都已選好，仔細挑選即可找出適合的日子了。

神佛開光點眼吉課

⊙正月令　壬寅管局
正月初五丁亥4子辰午
正月初六戊子5卯辰巳
正月十二甲午4卯巳午
⊙二月令　癸卯管局
正月廿六戊申4卯辰巳
正月廿九辛亥密丑卯午
二月初六丁巳6子巳午
二月初八己未1卯巳午
二月十二癸亥5寅卯辰
二月十四乙丑密卯辰巳
二月十六丁卯2辰巳午
二月十八己巳4子卯巳
⊙三月令　甲辰管局
二月廿一壬申密辰巳午
二月廿二癸酉1寅辰巳
三月初一辛巳2寅卯午
三月初四甲申5卯巳午
三月初五乙酉6子辰巳
三月初八戊子2卯辰巳
三月十三癸巳密卯辰巳
三月十六丙申3丑卯午

三月十七丁酉4辰巳午
三月二十庚子密子丑前
⊙四月令　乙巳管局
三月二十庚子密辰巳後
三月廿一辛丑1丑卯午
三月廿七丁未密辰午明
三月廿九己酉2子巳午
四月初五乙卯1卯辰巳
四月初八戊午4卯辰巳
四月初十庚申6卯辰巳
四月十二壬戌1子巳午
四月十四甲子3子卯巳
四月二十庚午2卯辰巳
四月廿一辛未3寅節前
⊙五月令　丙午管局
四月廿一辛未3午節後
四月廿二壬申4辰巳午
四月廿四甲戌6卯巳午
四月廿八戊寅3卯辰巳
五月初四癸未1卯辰巳
五月初五甲申2卯巳午
五月初十己丑密卯巳午

五月十三壬辰3辰巳午
五月十六乙未6卯辰巳
五月二十己亥3子卯午
五月廿二辛丑5丑卯午
⊙六月令　丁未管局
五月廿四癸卯密卯辰巳
五月廿六乙巳2子卯巳
六月初一己酉6子巳午
六月初三辛亥1丑卯午
六月初九丁巳密巳午明
六月十二庚申3卯辰巳
六月十三辛酉4丑寅午
六月十九丁卯3辰巳午
六月廿一己巳5卯巳午
六月廿四壬申1辰巳午
⊙七月令　戊申管局
六月廿八丙子5丑寅卯
七月初二庚辰2卯辰巳
七月初四壬午4辰巳午
七月初八丙戌1丑卯午
七月初十戊子3卯辰巳
七月十三辛卯6寅卯午

七月十四壬辰密辰巳午
七月二十戊戌6巳明星
七月廿二庚子1卯辰巳
七月廿六甲辰5卯巳午
⊙八月令　乙酉管局
八月初三庚戌4子卯巳
八月初四辛亥5丑卯巳
八月初九丙辰3寅卯午
八月十六癸亥3寅卯辰
八月十九丙寅6寅卯午
八月廿一戊辰1卯辰巳
八月廿七甲戌密卯巳午
八月廿八乙亥1子卯辰
⊙九月令　庚戌管局
八月廿九丙子2丑寅卯
九月初五壬午1辰巳午
九月初九丙戌5寅卯午
九月十七甲午6卯巳午
九月十九丙申1丑卯午
九月廿九丙午4丑節前
⊙十月令　辛亥管局
十月初五壬子3子辰巳

十月初八乙卯6卯辰巳
十月十一戊午2卯辰巳
十月十二己未3卯巳午
十月十七甲子1子卯巳
十月二十丁卯4辰巳午
十月廿一戊辰5卯辰巳
十月廿四辛未1寅卯午
⊙十一月令　壬子管局
十一月初四辛巳4寅卯午
十一月十三庚寅6卯辰巳
十一月十六癸巳2卯辰巳
十一月十八乙未4卯辰巳
十一月廿一戊戌密寅卯巳
十一月廿八乙巳密子丑卯
⊙十二月令　癸丑管局
十一月廿八乙巳密巳節後
十二月初五辛亥6寅卯午
十二月初八甲寅2卯巳午
十二月十七癸亥4寅卯辰
十二月二十丙寅密寅卯午
十二月廿四庚午4卯辰巳
十二月廿八甲戌1卯巳午
⊙加祖日為食鄉社廟斟酌

第三節　一般開光點眼之儀軌

開光點眼

神佛開光點眼是非常專業的，須由有修持之士來祈求佛菩薩降臨。

★ 一般開運吉祥物或制煞物品：

一、擇吉日良時（午時之前最好）。

二、應備供品：水果或餅乾一份、壽金1支。

三、至附近廟宇請神佛慈悲加持，可加唸金光神咒或大悲咒，然後把該項物品在主香爐上面順時針繞3圈，底部貼上10元大小紅紙即完成。

四、交由專業人士處理。

第四節　一般開光必須慎選之條件表格

在第十一章第一節、第二節、第三節的舉例中為什麼能選出一般開光擇日，其實是經過許許多多的關煞一一篩選而挑出的，以下的表三十八至表四十一就是一般開光擇日所必須一一核對的關煞，如果是凶日必須一一剔除，這些表格就不用背了，用查的就可以啦。

以下各表顯示該月份所能選用的日子，但必須配合主事者之各種條件才行。

◎ 表三十八：

開光	
正月	甲子、丙寅、丁卯、戊辰、庚午、癸酉、丙子、戊寅、己卯、庚辰、壬午、乙酉、戊子、辛卯、甲午、丁酉、庚子、癸卯、甲辰、丙午、己酉、辛亥、壬子
二月	乙丑、丁卯、己巳、辛未、壬申、乙亥、丁丑、辛巳、癸未、甲申、丁亥、己丑、癸巳、乙未、丙申、己亥、辛丑、乙巳、丁未、戊申、辛亥、癸丑、丁巳、己未、癸亥
三月	甲子、丙寅、己巳、庚午、壬申、癸酉、丙子、戊寅、辛巳、壬午、甲申、乙酉、戊子、庚寅、癸巳、丙申、丁酉、庚子、壬寅、乙巳、丙午、戊申、己酉、壬子、甲寅
四月	甲子、乙丑、丁卯、庚午、辛未、癸酉、甲戌、丙子、丁丑、己卯、壬午、乙酉、丙戌、戊子、己丑、辛卯、甲午、乙未、丁酉、戊戌、庚子、辛丑、癸卯、丙午、丁未、己酉、庚戌、癸丑、乙卯、戊午、庚申
五月	乙丑、丙寅、戊辰、辛未、壬申、甲戌、乙亥、丁丑、戊寅、庚辰、癸未、甲申、丙戌、己丑、庚寅、壬辰、乙未、丙申、戊戌、己亥、辛丑、壬寅、甲辰、丁未、戊申、庚戌、辛亥、丙辰、己未、庚申、壬戌
六月	丙寅、丁卯、己巳、壬申、癸酉、乙亥、戊寅、己卯、辛巳、甲申、乙酉、丁亥、庚寅、辛卯丙申、丁酉、己亥、壬寅、癸卯、甲辰、乙巳、戊申、己酉、辛亥、甲寅、乙卯、丁巳、庚申、辛酉
七月	甲子、丁卯、戊辰、庚午、甲戌、丙子、己卯、庚辰、壬午、丙戌、戊子、辛卯、壬辰、甲午、戊戌、庚子、癸卯、甲辰、乙巳、丙午、戊申、庚戌、壬子、丙辰、丁巳、戊午、壬戌

八月	乙丑、丙寅、戊辰、己巳、甲戌、乙亥、丁丑、戊寅、庚辰、辛巳、丙戌、丁亥、己丑、庚寅、癸巳、己亥、辛丑、壬寅、甲辰、乙巳、庚戌、辛亥、癸丑、丙辰、丁巳、癸亥
九月	丁卯、庚午、壬申、乙亥、丙子、己卯、壬午、甲申、丙戌、辛卯、甲午、丙申、庚子、癸卯、丙午、戊申、辛亥、壬子、戊午、庚申、壬戌、癸亥、甲子
十月	甲子、丁卯、戊辰、庚午、辛未、癸酉、丙子、戊寅、己卯、庚辰、壬午、癸未、乙酉、戊子、辛卯、甲午、乙未、丁酉、庚子、辛丑、癸卯、甲辰、丁未、己酉、壬子、癸丑、乙卯、丙辰、己未、辛酉
十一月	戊辰、己巳、辛未、壬申、甲戌、戊寅、庚辰、辛巳、甲申、丙戌、庚寅、壬辰、癸巳、丙申、戊戌、壬寅、甲辰、乙巳、丁未、戊申、庚戌、甲寅、丙辰、庚申、辛酉、壬戌
十二月	丙寅、己巳、庚午、壬申、甲戌、乙亥、戊寅、壬午、甲申、丁亥、庚寅、癸巳、甲午、丙申、壬寅、乙巳、辛亥、甲寅、

◎ 表三十九：

開光點眼擇日哪些日子可用，哪些日子不可用														
開光日	**凶神**	**正**	**二**	**三**	**四**	**五**	**六**	**七**	**八**	**九**	**十**	**十一**	**十二**	**可制化**
月破	大凶	申	酉	戌	亥	子	丑	寅	卯	辰	巳	午	未	ㄨ
閉日	勿用	丑	寅	卯	辰	巳	午	未	申	酉	戌	亥	子	ㄨ
受死	從俗不用	戌	辰	亥	巳	子	午	丑	未	寅	申	卯	酉	ㄨ
神號	逢天喜吉	戌	亥	子	丑	寅	卯	辰	巳	午	未	申	酉	○
天賊	明星可制	辰	酉	寅	未	子	巳	戌	卯	申	丑	午	亥	△
財離		辰	丑	戌	未	卯	子	酉	午	寅	亥	申	巳	△
天瘟		未	戌	辰	寅	午	子	酉	申	巳	亥	丑	卯	ㄨ
白虎	麟符制吉	午	申	戌	子	寅	辰	午	申	戌	子	寅	辰	△
朱雀	鳳凰符制	卯	巳	未	酉	亥	丑	卯	巳	未	酉	亥	丑	△
地賊	明星制	丑	子	亥	戌	酉	申	未	午	巳	辰	卯	寅	△
鬼神空屋	吉多可用	申	申	申	寅	寅	寅	卯	卯	卯	亥	亥	亥	△
荒蕪	旺氣堪用	巳	酉	丑	申	子	辰	亥	卯	未	寅	午	戌	△
獨火	水局制	巳	辰	卯	寅	丑	子	亥	戌	酉	申	未	午	△
破敗	吉多可用	申	戌	子	寅	辰	午	申	戌	子	寅	辰	午	△
神隔	伏斷日吉	巳	卯	丑	亥	酉	未	巳	卯	丑	亥	酉	未	△
正四廢	忌	庚申	辛酉	庚申	壬子	癸亥	壬子	甲寅	乙卯	甲寅	丙午	丁巳	丙午	ㄨ
正四廢	忌	辛酉	庚申	辛酉	癸亥	壬子	癸亥	乙卯	甲寅	乙卯	丁巳	丙午	丁巳	ㄨ
真滅沒	忌													ㄨ
大退日	俗忌用													△

明星吉時	吉凶神	正	二	三	四	五	六	七	八	九	十	十一	十二	可制化
寒	暗星	寅	辰	午	申	戌	子	寅	辰	午	申	戌	子	
谷	暗星	卯	巳	未	酉	亥	丑	卯	巳	未	酉	亥	丑	
時	明星	辰	午	申	戌	子	寅	辰	午	申	戌	子	寅	
暄	明星	巳	未	酉	亥	丑	卯	巳	未	酉	亥	丑	卯	
定	暗星	午	申	戌	子	寅	辰	午	申	戌	子	寅	辰	
暖	明星	未	酉	亥	丑	卯	巳	未	酉	亥	丑	卯	巳	
晦	明星	申	戌	子	寅	辰	午	申	戌	子	寅	辰	午	
窗	暗星	酉	亥	丑	卯	巳	未	酉	亥	丑	卯	巳	未	
曉	明星	戌	子	寅	辰	午	申	戌	子	寅	辰	午	申	
色	暗星	亥	丑	卯	巳	未	酉	亥	丑	卯	巳	未	酉	
須	暗星	子	寅	辰	午	申	戌	子	寅	辰	午	申	戌	
明	明星	丑	卯	巳	未	酉	亥	丑	卯	巳	未	酉	亥	
氣往亡日	忌	立春七日		驚蟄十四		清明廿一		立夏八日		芒種十六		小暑廿四		
		立秋九日		白露十八		寒露廿七		立冬十日		大雪二十		小寒三十		
例：驚蟄十四即驚蟄起算第十四日為氣往亡日														

◎ 表四十：

開光吉神												
	正月	二月	三月	四月	五月	六月	七月	八月	九月	十月	十一月	十二月
福生	酉	卯	戌	辰	亥	巳	子	午	丑	未	寅	申
三合	戌、午	未、亥	子、申	丑、酉	戌、午	卯、亥	辰、子	丑、巳	午、寅	未、卯	辰、申	酉、巳
建	寅	卯	辰	巳	午	未	申	酉	戌	亥	子	丑
定	午	未	申	酉	戌	亥	子	丑	寅	卯	辰	巳
天恩	甲子、乙丑、丙寅、丁卯、戊辰、己酉、庚戌、辛亥、壬子、癸丑、己卯、庚辰、辛巳、壬午、癸未											
吉宿	春季、秋季用危畢張心宿，夏季、冬季用房虛昴星宿											
開光凶日												
伏斷日	巳日逢房宿、午日逢角宿、未日逢張宿、申日逢鬼宿、酉日逢觜宿											
	子日逢虛宿、丑日逢斗宿、寅日逢室宿、卯日逢女宿、辰日逢箕宿											
傳星顯星曲星可解	戌日逢胃宿、亥日逢壁宿											
日月蝕日凶												
	正月	二月	三月	四月	五月	六月	七月	八月	九月	十月	十一月	十二月
鬼哭凶日	未	戌	辰	寅	午	子	酉	申	巳	亥	丑	卯
月厭日	戌	酉	申	未	午	巳	辰	卯	寅	丑	子	亥
鬼隔日	申	午	辰	寅	子	戌	申	午	辰	寅	子	戌
天空日	例在柱上樑表二十二											
地空日												

截路空亡時	即每日的壬癸路空時											
	開光時勿犯產婦及孝白，人觸之則吉											
	開光吉日若犯財離、鬼神、空屋、荒蕪、獨火、破敗、神隔、月厭吉多仍可用											
	開光吉日犯天空、地空仍可用											
	開光日要注意食神殺如日值食主大凶勿用，若社廟值食神亦忌用											
正四廢忌勿用	庚申	辛酉	庚申	壬子	癸亥	壬子	甲寅	乙卯	甲寅	丙午	丁巳	丙午
正四廢忌勿用	辛酉	庚申	辛酉	癸亥	壬子	癸亥	乙卯	甲寅	乙卯	丁巳	丙午	丁巳

◎ 表四十一：

真滅沒	忌勿用	朔日逢角宿		弦日逢虛宿				弦日逢鬼宿	
		望日逢亢宿		晦日逢婁宿				盈日逢牛宿	
大退日	俗忌用	初一子	初三未	初五午		初九酉		十一卯	十三寅
		十七丑	廿一子	廿五戌		廿七卯		廿九申	
月大		初一食外	○	初一食主	X	初三食師	△	初四食鄉	X
月小		初一食鄉	X	初一食師	△	初三食主	X	初四食外	○
月大		初五食外	○	初六食主	X	初七食師	△	初八食鄉	X
月小		初五食鄉	X	初六食師	△	初七食主	X	初八食外	○
月大		初九食外	○	初十食主	X	十一食師	△	十二食鄉	X
月小		初九食鄉	X	初十食師	△	十一食主	X	十二食外	○
月大		十三食外	○	十四食主	X	十五食師	△	十六食鄉	X
月小		十三食鄉	X	十四食師	△	十五食主	X	十六食外	○
月大		十七食外	○	十八食主	X	十九食師	△	二十食鄉	X
月小		十七食鄉	X	十八食師	△	十九食主	X	二十食外	○
月大		廿一食外	○	廿二食主	X	廿三食師	△	廿四食鄉	X
月小		廿一食鄉	X	廿二食師	△	廿三食主	X	廿四食外	○
月大		廿五食外	○	廿六食主	X	廿七食師	△	廿八食鄉	X
月小		廿五食鄉	X	廿六食師	△	廿七食主	X	廿八食外	○
月大		廿九食外	○	三十食主	X				
月小		廿九食鄉	X						

❖第十二章❖

退神、出火要如何擇日

在一般社會習俗中，公司、工廠、商店、住家如要搬家時，大概都會擇吉日良時來搬家以求吉利，以下所選之日子就是運用古時所留下的擇搬家、出火方法選擇出最佳的日子及時辰，請遵守表中各項注意事項進行。

（正確的出火擇日是必須篩選很多條件，諸如第三章共用資料表A，及本章第五節的表四十二至表四十三之所有條件都需用到。）

第一節　退神、出火擇日條件如下

1、以主事者之生辰八字不沖剋為第一考量重點。
2、再以退神、出火之年月份來配合挑選最佳日子。
3、接續以搬家、出火之各項「吉、凶」忌例為擇日重點。
4、一定要考量與本命六沖、三殺、三刑、官符、六害、箭刃、回頭貢煞等日子均不可用。
5、運用通書吉神、凶神、黃道吉神、黑道凶神等等吉凶時表來選擇最佳時辰。
6、最後運用「奇門遁甲」最佳方位法輔助來達成吉日良時成功圓滿。

經以上種種條件考慮所選出的日子及時辰如下表，請參考行事，祝一切平安順利。

◎ 表一：

巳日	午日	未日	申日
	主 事	眷三 屬殺	
辰日	主事：庚子 眷屬：辛丑、己巳、癸酉		酉日
卯日			戌日
眷 屬			
寅日	丑日	子日	亥日
			眷 屬

第二節　退神、出火吉課行事表

先生 小姐：

退神出火吉課

吉屋　坐　向

本年　大利　不利

主事　家屬

◎茲依先賢諸家之訣擇吉如次：

退神 出火	擇於國曆　年　月　日 農曆　年　月　日　時 歲人避吉
步驟	一、擇日　二、　三、　四、 五、　六、　七、　八、
	該時辰之奇門遁甲方位在：

吉日良時			
四柱課局			
年	月	日	時

服務項目

陽宅堪輿、擇日、動土擇日、開市擇日、合婚擇日、剖腹生產擇日、命名改名、嬰兒命名、公司命名、開運名片、開運印鑑八字論命、奇門遁甲、命理授課及專題演講

吉祥坊易經開運中心
電話：(04)24521393
傳真：(04)24513496
台中市西屯路二段297之8巷78號

第三節　由通書直接查閱退神、出火吉課

通書就翻到這一頁，每月可用的日子都已選好，只要再篩選主事者及宅眷之八字即可找出適合的日子了。

國曆	時辰吉神	干支	建除星宿	宜忌
	未時回頭貢狗	十一辛卯	管局	葬 麟符爐火吉 立碑謝土●正沖乙酉63歲○的呼辛未17歲○胎神廚灶門外正北方
4月小 28日 土 星期六	蛇雞牛殺 辰巳二時 武曲入中 聖人登殿	沖狗煞南 十二壬辰 巳卯登貴	水建 五黃 氐伐	歲天月德顯星 兵福滿德天福●月建土府三喪鼓輪殺食鄉天空凶敗大空斧煞 憲宜祭祀○協紀不取○通宜解除出行針灸冠笄嫁娶進人口裁衣合帳開市立券交易納財安床掃舍宇●正沖丙戌62歲○的呼壬申16歲胎神倉庫栖外正北
29日 日 星期日	卯時貴人 辰時喜神 太陽到坎 太陰到坤 木星到巽 金星到乾 日四吉臨	沖豬煞東 十三癸巳 卯巳登貴	水除 六白 中 房制	曲星 吉期陰德金堂明堂執儲天壽財帛●重日破碎劫煞人隔流財伏斷兀赤口 憲宜沐浴掃舍宇○協紀不取○通宜祭祀開光塑繪剃頭解除求醫治病問名納 密日 采結婚姻裁衣合帳冠笄嫁娶納婿會親友進人口開柱眼出火拆卸修造起基定磉豎柱上樑穿栟槅架歸岫蓋屋安門床移徙入宅安香造船倉庫車器納畜牧養割蜜造畜稠●正沖丁亥人61歲○的呼甲午人54歲○胎神房床房內北
30日 月 星期一	超立夏上 陽四局乙三 丙二丁一 時五福子 時入艮宮 未時交貴	沖鼠煞北 十四甲午 丑未登貴	金滿 七赤 中 心寶	天貴巫福德天福鳴吠神在不守塚●天狗天火土瘟爭訟月忌食主龍禁食骨虎 六元三將 憲宜不取○協紀不取○通宜剃頭會親友嫁娶 麟陽登貴 制 納婿安床 新婚審用 結網入殮移柩成除服啓攢火葬進金安葬 麟符爐火吉 立碑 權用 ●正沖戊子60歲○的呼丁酉51歲庚子48歲○胎神門碓房內北●雀乾⊙爭訟忌開市安門分居
5月大 1日 火 星期二	猴鼠龍殺 子時三奇 卯時大進 卯時回頭貢狗	沖牛煞西 十五乙未 子申登貴	金平 八白 尾制	天貴十靈七聖活曜神在不守塚●月煞食主值婦臥尸食骨虎朱雀土公死壬空 修灶凶日 憲宜不取○協紀不取○通宜祭祀作灶入殮成除服●正沖己丑59歲○的呼丙子12歲丙申52歲胎神碓磨廁房內北⊙月煞無適解化安葬刪刊
2日 水 星期三	酉正初刻十分 望	十六丙申	火定 箕制	傳星 三合四相金匱鳴吠神在不守塚●月厭五不歸往亡食鄉四不祥短星小空 憲宜祭祀沐浴掃舍宇○協紀不取○通宜開光塑繪 社廟不宜 祈福求嗣酬神設齋醮

第四節　一般出火之儀軌

出火儀軌

一、擇吉日良時（請參考擇日共用資料【表A】）。

二、不沖主事者為宜。

三、供品以五果和壽金（或依習俗）。

四、有其祝禱文請洽專業老師。

兄弟分家公媽另立

一、擇吉日良時。

二、前3天上香稟告。

三、供品（和入宅同）。

四、請老師幫忙謄寫祖先名諱。

五、另行擇日奉請祖先至新厝。

第五節　一般退神、出火必須慎選之條件表格

在第十二章第一節、第二節、第三節的舉例中為什麼能選出一般退神、出火擇日，其實是經過許許多多的關煞一一篩選而挑出的，以下的表四十二至表四十三就是一般退神、出火擇日所必須一一核對的關煞，如果是凶日必須一一剔除，這些表格就不用背了，用查的就可以啦。

以下二表顯示該月份所能選用的日子，但必須配合主事者之各種條件才行。

◎ 表四十二：

出火	
正月	庚午、辛未、癸酉、乙亥、己卯、壬午、乙酉、丁亥、辛卯、甲午、丁酉、癸卯、丙午、丁未、己酉
二月	乙丑、辛未、壬申、甲戌、乙亥、丁丑、癸未、甲申、丁亥、己丑、乙未、己亥、辛丑、丁未、戊申、辛亥、癸丑、己未、癸亥
三月	丙寅、己巳、戊寅、乙酉、癸巳、丁酉、壬寅、乙巳、己酉、丁卯、甲寅
四月	甲子、戊辰、癸酉、丙子、庚辰、壬午、乙酉、戊子、甲午、丁酉、戊戌、庚子、丙午、己酉、戊午、辛酉、丙戌
五月	戊辰、己巳、辛未、壬申、甲戌、乙亥、庚辰、癸未、甲申、丙戌、壬辰、乙未、丙申、戊戌、己亥、甲辰、丁未、戊申、庚戌、辛亥、丙辰、己未

六月	丙寅、丁卯、己巳、乙亥、戊寅、己卯、甲申、丁亥、辛卯、丙申、癸卯、甲辰、乙巳、辛亥、甲寅、乙卯、庚申
七月	甲子、丁卯、戊辰、辛未、丙子、己卯、庚辰、戊子、辛卯、癸巳、戊戌、庚子、癸卯、甲辰、丁未、壬子、丙辰、壬戌、戊申
八月	乙丑、己巳、乙亥、丁丑、庚辰、辛巳、甲申、丁亥、己丑、壬辰、癸巳、己亥、甲辰、乙巳、戊申、庚戌、辛亥、癸丑、丙辰、丁巳
九月	庚午、乙亥、己卯、壬午、甲申、辛卯、甲午、丙申、癸卯、丙午、辛亥、戊午、庚申、癸亥
十月	丁卯、庚午、丙子、己卯、庚辰、壬午、戊子、庚寅、辛卯、甲午、壬寅、癸卯、甲辰、壬子、乙卯、戊寅
十一月	乙丑、戊辰、己巳、壬申、丁丑、庚辰、辛巳、癸未、甲申、己丑、壬辰、癸巳、丙申、己亥、甲辰、乙巳、戊申、癸丑、丙辰、庚申
十二月	丙寅、己巳、乙亥、戊寅、甲申、丁亥、癸巳、甲午、丙申、壬寅、乙巳、辛亥、甲寅、庚申、壬午、戊午

◎ 表四十三：

退神、出火擇日哪些日子可用，哪些日子不可用														
出火注意事項：														
1、屋宅坐向：年、月均忌														
2、沖主事，正、偏沖均忌。宅眷→不要正沖即可														
3、三殺日（主事）														
4、大利年、不利年（例95年丙戌年），大利：東方、西方、不利：北方。														
5、出火：不忌月煞、通書有出火日不要沖主事、主饋。														
退神、出火		**忌例**	**正**	**二**	**三**	**四**	**五**	**六**	**七**	**八**	**九**	**十**	**十一**	**十二**
月破	X	大凶	申	酉	戌	亥	子	丑	寅	卯	辰	巳	午	未
受死	X	俗忌	戌	辰	亥	巳	子	午	丑	未	寅	申	卯	酉
天火	X	大忌	子	酉	午	卯	子	酉	午	卯	子	酉	午	卯
天瘟	Δ	吉多可	未	戌	辰	寅	午	子	酉	申	巳	亥	丑	卯
天賊	Δ	明星制	辰	酉	寅	未	子	巳	戌	卯	申	丑	午	亥
往亡	X	大忌	寅	巳	申	亥	卯	午	酉	子	辰	未	戌	丑
歸忌	X	大忌	丑	寅	子	丑	寅	子	丑	寅	子	丑	寅	子
離巢	Δ	吉多可	辰	丑	戌	未	卯	子	酉	午	寅	亥	申	巳
橫天雀	X	俗忌	廿五	廿五	廿五	廿五	廿五	廿五	廿五	廿五	廿五	廿五	廿五	廿五
楊公忌	X	大凶	十三	十一	初九	初七	初五	初三	初一 廿九	廿七	廿五	廿三	廿一	十九
月忌日	Δ	吉多可	初五	十四	廿三	初五	十四	廿三	初五	十四	廿三	初五	十四	廿三

冰消瓦碎	X	泉俗忌	初七	初八	初六	初七	初五	初六	初四	初五	初三	初四	初二	初三
正四廢	X	忌	庚申	辛酉	庚申	壬子	癸亥	壬子	甲寅	乙卯	甲寅	丙午	丁巳	丙午
正四廢	X	忌	辛酉	庚申	辛酉	癸亥	壬子	癸亥	乙卯	甲寅	乙卯	丁巳	丙午	丁巳
正絕煙	X	忌	丁卯	甲子	癸酉	庚午	丁卯	甲子	癸酉	庚午	丁卯	甲子	癸酉	庚午
四離絕日	X	忌	立春春分		前一日	立夏夏至		前一日	立秋秋分		前一日	立冬冬至		前一日
大退日時	Δ													
真滅沒	X	例在入宅、搬家表三十												
氣往亡	X	例在入宅、搬家表三十												
火星日	Δ	例在入宅、搬家表三十												
虎中日	Δ	麒麟符制												
雀中日	Δ	鳳凰符制												
二至分日	X			春分			夏至			秋分			冬至	
正紅紗	Δ		Δ	Δ	丑	Δ	Δ	丑	Δ	Δ	丑	Δ	Δ	丑
○出火吉日若逢Δ天賊可用明星制化，餘天瘟、離巢、月忌日、大退日、火星日吉多可用														
Δ若逢戊辰日、丁丑日、丙戌日、乙未日、甲辰日、癸丑日、壬戌日為虎中，要麒麟符化														
Δ若逢丙寅日、乙亥日、甲申日、癸巳日、壬寅日、辛亥日、庚申日為雀中，要鳳凰符化														
Δ辰月、未月、戌月、丑月的丑日為紅紗勿用，其餘可														

<table>
<tr><td colspan="15">Δ大退日：每月初一逢子、初三逢未、初五逢午、初九逢酉、十一逢卯、十三逢寅、十七逢丑、廿一逢子、廿五逢戌、廿七逢卯、廿九逢申日</td></tr>
<tr><td colspan="15">Δ餘例同移徙、入宅同</td></tr>
<tr><td colspan="15"></td></tr>
<tr><td>出火吉星</td><td></td><td colspan="13">歲德、歲德合、天德、天德合、月德、月德合、天赦、天願、天恩、月恩、益後、母倉、四相、時德、三合、六合、天喜、玉堂均見訂盟納采吉例中</td></tr>
<tr><td></td><td></td><td colspan="13">顯星、曲星、傅星、天福、天瑞、金堂、歲德、歲德合均見嫁娶吉例中</td></tr>
<tr><td></td><td></td><td colspan="13">大月若每月初四、初六、初十、十四、十六、二十、廿二、廿六、三十</td></tr>
<tr><td></td><td></td><td colspan="13">小月若每月初四、初八、初十、十四、十六、二十、廿四、廿六</td></tr>
<tr><td></td><td></td><td colspan="13">要出火為周堂不美，則需顯星或曲星或傅星制化</td></tr>
<tr><td></td><td>○</td><td colspan="7">大偷修日：壬子、癸丑、丙辰、戊午、己未、庚申、辛酉、丁巳日</td><td></td><td></td><td></td><td></td><td></td><td></td></tr>
<tr><td>出火吉凶星</td><td></td><td></td><td>正</td><td>二</td><td>三</td><td>四</td><td>五</td><td>六</td><td>七</td><td>八</td><td>九</td><td>十</td><td>十一</td><td>十二</td></tr>
<tr><td>除日</td><td>○</td><td></td><td>卯</td><td>辰</td><td>巳</td><td>午</td><td>未</td><td>申</td><td>酉</td><td>戌</td><td>亥</td><td>子</td><td>丑</td><td>寅</td></tr>
<tr><td>瘟出日</td><td>Δ</td><td>吉多用</td><td>初九</td><td>初八</td><td>初七</td><td>三十</td><td>廿九</td><td>廿八</td><td>廿三</td><td>廿二</td><td>廿一</td><td>十六</td><td>十五</td><td>十四</td></tr>
<tr><td>瘟入日</td><td>X</td><td>凶不用</td><td>初六</td><td>初五</td><td>初四</td><td>廿七</td><td>廿六</td><td>廿五</td><td>二十</td><td>十九</td><td>十八</td><td>十三</td><td>十二</td><td>十一</td></tr>
<tr><td>地賊</td><td>Δ</td><td>吉多用</td><td>丑</td><td>子</td><td>亥</td><td>戌</td><td>酉</td><td>申</td><td>未</td><td>午</td><td>巳</td><td>辰</td><td>卯</td><td>寅</td></tr>
</table>

吉發堂奇門開運中心　服務項目

服務項目
一、孔明神籤：本中心恭請南投縣魚池鄉啟示玄機院孔明仙師分靈降駕，並提供神籤服務，為眾生指點迷津--功德隨意
二、奇門遁甲：應用方位磁場，可求貴人、買賣經商、考試推甄-------------1200元
三、陽宅鑑定及規劃：綜合各派陽宅學，以達成平安發福、財官雙美之格局，並贈送男、女主人八字命書精批任選一本----------------6000元，外縣市酌收車馬費
四、神位安座：以奇門秘法請神、開光、安座----------6000元，外縣市酌收車馬費
五、祖先進塔：以仙命為主選塔位，為福東添福祿-----10000元，外縣市酌收車馬費
六、生涯規劃諮詢：贈命書精批一本。共有20多頁的內容請上網查詢--------1800元
七、嫁娶擇日合婚：贈新郎、新娘命書精批任選一本---------------------3600元
八、嫁娶婚課批覆：贈新郎、新娘命書精批任選一本---------------------3200元
九、生產擇日：配合父、母親生肖，選用最佳之生產吉期10個時辰備用------3000元
十、命名、改名：配合各派姓名學，選三十個以上名字備用，贈命書一本----3600元
十一、皮紋檢測：應用電腦科技分析大腦先天學習量能與先天學習敏銳度----1200元
十二、一般擇日：開市、祭祀、購車交車、求醫療病，贈奇門遁甲秘法------1200元
十三、開運印章：以八字調整姓名靈動數，並擇日開光，贈命書精批一本----4500元
十四、助運名片：配合個人生辰精心設計、製作並擇日開光，贈命書精批一本-3600元
十五、服務項目說明和開運吉品或化煞用品請上www.9989.com.tw網站查詢
十六、奇門遁甲、八字命理、紫微斗數、姓名學、陽宅規劃、擇日學開運秘法傳授。以上所有開運吉品、化煞用品，都由林老師恭請本堂供奉神明：孔明先師、關聖帝君、玄天上帝、三奶夫人（陳靖姑聖母）、五路武財神開光加持。

服務處：台中縣豐原市豐南街12號（豐南國中附近）

電話：04-25353141　0933-411186

E-mail：jin.jouu@msa.hinet.net　林錦洲 老師

歡迎上網加入本中心會員，常有不定時寶貴訊息知識交流。

吉祥坊易經開運中心　服務項目

一、命名、改名（用多種學派），附改前、改後命書流年一本	3600元
二、一般開市、搬家、動土、擇日，附奇門遁甲擇日	1200元
三、嫁娶合婚擇日，附新郎、新娘八字命書任選一本	3600元
四、剖腹生產擇日，附12張時辰命盤優先順序	3600元
五、陽宅鑑定及規劃佈局，附男、女主人八字命書任選一本	6000元
六、開運印鑑，附八字流年命書一本	4500元
七、吉祥印鑑	1800元
八、開運名片，附八字流年命書一本	3600元
九、八字命理、陽宅規劃、姓名學、卜卦等多項課程招生	電洽
十、各種五術教學VCD、DVD請上網瀏覽	電洽
十一、姓名學、八字論命、奇門遁甲軟體、擇日軟體，請上網瀏覽	電洽
十二、各類開運物品或制煞物品，請上網查閱	電洽

服務處：台中市西屯區西屯路二段297之8巷78號（逢甲公園旁）

電話：04-24521393　黃恆堉老師　　行動：0936-286531

網址：http://www.abab.com.tw　E-mail：w257@yahoo.com.tw

網址：http://www.131.com.tw　E-mail：abab257@yahoo.com.tw

感謝各位讀者購買本書，上網有免費線上即時論命、姓名、數字等吉凶

國家圖書館出版品預行編目資料

學擇日，原來這麼簡單 / 黃恆堉著.
－－第一版－－臺北市：知青頻道出版；
紅螞蟻圖書發行，2008.12
面　公分－－(Easy Quick；91)
ISBN 978-986-6643-40-8（平裝附光碟片）

1.擇日

293.4　　　97019901

Easy Quick 91

學擇日，原來這麼簡單

作　　者／黃恆堉
發 行 人／賴秀珍
總 編 輯／何南輝
校　　對／周英嬌、楊安妮、黃恆堉
出　　版／知青頻道出版有限公司
發　　行／紅螞蟻圖書有限公司
地　　址／台北市內湖區舊宗路二段121巷19號（紅螞蟻資訊大樓）
網　　站／www.e-redant.com
郵撥帳號／1604621-1　紅螞蟻圖書有限公司
電　　話／(02)2795-3656（代表號）
傳　　真／(02)2795-4100
登 記 證／局版北市業字第796號
法律顧問／許晏賓律師
印 刷 廠／卡樂彩色製版印刷有限公司
出版日期／2008年12月　第一版第一刷
　　　　　2020年 3 月　　第四刷(500本)

定價 300 元　港幣 100 元

ISBN　978-986-6643-40-8　　Printed in Taiwan